深中通道建设关键技术丛书

跨海交通集群工程绿色公路建设理念与实践

宋神友　刘学欣　陈伟乐　孔亚平　范传斌　熊新竹　**编著**

人民交通出版社

北京

内 容 提 要

本书在紧密结合深中通道工程特点的基础上,阐述了绿色公路建设思路及技术体系,结合工程实践从深海绿色桥梁建设、沉管隧道绿色建造和海上大型人工岛绿色建造3方面介绍了15项跨海交通集群工程绿色公路建设先进理念与创新技术,对跨海交通集群工程绿色公路建设具有参考价值。

本书可供公路工程管理、设计、施工及科研人员使用,也可作为高等院校道路工程、环境保护、能源经济等相关专业师生的参考用书。

图书在版编目(CIP)数据

跨海交通集群工程绿色公路建设理念与实践 / 宋神友等编著. — 北京:人民交通出版社股份有限公司, 2024.12. — (深中通道建设关键技术丛书).
ISBN 978-7-114-20122-6

Ⅰ.U459.2

中国国家版本馆 CIP 数据核字第 2025NH5938 号

Kuahai Jiaotong Jiqun Gongcheng Lüse Gonglu Jianshe Linian yu Shijian

书　　名:	跨海交通集群工程绿色公路建设理念与实践
著 作 者:	宋神友　刘学欣　陈伟乐　孔亚平　范传斌　熊新竹
责任编辑:	岑　瑜
责任校对:	龙　雪
责任印制:	张　凯
出版发行:	人民交通出版社
地　　址:	(100011)北京市朝阳区安定门外外馆斜街3号
网　　址:	http://www.ccpcl.com.cn
销售电话:	(010)85285857
总 经 销:	人民交通出版社发行部
经　　销:	各地新华书店
印　　刷:	北京市密东印刷有限公司
开　　本:	787×1092　1/16
印　　张:	10.5
字　　数:	145千
版　　次:	2024年12月　第1版
印　　次:	2024年12月　第1次印刷
书　　号:	ISBN 978-7-114-20122-6
定　　价:	98.00元

(有印刷、装订质量问题的图书,由本社负责调换)

丛书编审委员会

总 顾 问：周 伟　周荣峰　王 太　贾绍明
主　　任：邓小华　黄成造
副 主 任：职雨风　吴玉刚　王康臣
执行主编：陈伟乐　宋神友
副 主 编：刘加平　樊健生　徐国平　代希华　潘 伟　吕卫清
　　　　　吴建成　范传斌　钟辉虹　陈 越　刘亚平　熊建波
专家组成员：
　综合组：
　　周 伟　贾绍明　周荣峰　王 太　黄成造　何镜堂
　　郑健龙　陈毕伍　李 为　苏权科　职雨风　曹晓峰
　桥梁工程组：
　　凤懋润　周海涛　秦顺全　张喜刚　张劲泉　邵长宇
　　陈冠雄　黄建跃　史永吉　葛耀君　贺拴海　沈锐利
　　吉 林　张 鸿　李军平　胡广瑞　钟显奇
　岛隧工程组：
　　徐 光　钱七虎　缪昌文　聂建国　陈湘生　林 鸣
　　朱合华　陈韶章　王汝凯　蒋树屏　范期锦　吴建成
　　刘千伟　吴 澎　谢永利　白 云
　建设管理组：
　　李 斌　刘永忠　王 璜　王安福　黎 侃　胡利平
　　罗 琪　孙家伟　苏志东　代希华　杨 阳　王啟铜
　　崖 岗　马二顺　姚志安　张长亮

《跨海交通集群工程绿色公路建设理念与实践》编写组

组　　长：宋神友　刘学欣　陈伟乐

副 组 长：孔亚平　范传斌　熊新竹

编写人员：金文良　陈　瑶　陈焕勇　陶双成　刘　迪

　　　　　高硕晗　许晴爽　童俊豪　李宏钧　田心怡

　　　　　黄晓初　姜　凡　姚嘉林　李云鹏　卢春颖

　　　　　黄厚卿　肖文福　张　文　岳远征　宁进进

　　　　　王会雄　管泽旭

序

绿色公路建设是交通运输行业践行习近平生态文明思想,推进美丽中国建设的主要抓手之一,经过二十余年的实践探索,已成为公路建设的重要发展方向。随着《国家综合立体交通网规划纲要》等文件发布,跨海(江)公路通道绿色建设成为绿色公路新的研究热点。

深中通道位于粤港澳大湾区几何中心,是集"特大跨径桥、大型海中人工岛、超宽深埋变宽海底隧道、水下互通式立交"于一体的复杂交通集群工程,是国家重大工程,对加快建设交通强国、支撑粤港澳大湾区互联互通具有重要意义。

深中通道跨越珠江口伶仃洋海域,面临台风、暴雨气象条件,高温、高湿、高盐自然条件和水环境、水生态的环保制约等多重挑战,又有着超级工程高品质建设和高质量服务的内在要求,通过长达7年的前期研究和7年的建设施工,开展了大量探索实践,形成了一大批创新引领性强、节能环保效益佳的绿色技术,使绿色成为深中通道建设的一抹亮丽底色。

本书系统梳理并总结凝练了深中通道绿色公路建设的系列实践成果,围绕可持续交通发展的新要求,从深海绿色桥梁建设、沉管隧道绿色建造、海上大型人工岛绿色建造等方面精挑细选出15项技术,重点阐释其理念思路、技术方法和应用成效,聚焦提供技术指引和经验借鉴,以期启发设计创新,指导绿色公路施工和运营。

本书既是深中通道广大参建者集体智慧的结晶,也是我国绿色公路建设新高度的展现,理论性、实践性和创新性都较好。相信本书的出版将为跨海(江)交通基础设施绿色建造提供有益参考。

交通运输部原总工程师

2024年5月

前　　言

　　交通运输行业一直致力于绿色公路建设实践，从公路勘察设计典型示范工程、交通运输科技示范工程、绿色公路主题性项目等持续探索，到《关于实施绿色公路建设的指导意见》《绿色公路建设技术指南》等文件、论著发布，大力推进绿色公路建设已成为行业共识。为完善综合立体交通运输网络和推进新型城镇化建设，越来越多的跨海（江）公路通道工程开工建设。因地质、水文、环境等条件特殊，工程技术难度及复杂程度高，跨海（江）通道绿色建造的技术同普通公路相比有着显著区别，对跨海（江）通道进行绿色公路建设是新的机遇和挑战。

　　深中通道集"桥、岛、隧、水下互通"于一体，是世界综合技术难度最高的跨海交通集群工程之一。深中通道作为助推我国实现交通强国的重大标杆工程，研制了10项重大工程装备，研发了10项国际领先技术，创造了"深中速度、深中精度、深中强度"。本书从新时期绿色公路建设要求角度，系统梳理和总结了部分有代表性的桥、岛、隧绿色创新技术，希望为跨海（江）交通集群工程绿色建设提供可复制、可推广的经验参考，为完善交通行业绿色公路建设体系，促进绿色公路全面发展提供"深中智慧"。

　　深中通道的技术成果均来源于项目建设一线，衷心感谢为深中通道绿色公路技术探索实践的诸位工程管理、设计、施工及科研人员，你们的辛苦付出为本书编著提供了丰富扎实的基础素材和"绿意盎然"的应用成效。受篇幅所限，无法将你们全部的智慧成果和姓名一一展现，还望海涵。

　　本书所介绍的15项绿色技术，更多起抛砖引玉之用，侧重从环境保护、节能低碳、资源节约、品质耐久、降本增效等方面介绍技术原理和工艺要求，行业同仁如想对技术本身做深入了解，可参阅"深中通道建设关键技术丛书"相关分册。

　　跨海交通集群工程建设技术复杂、专业性极强，其绿色公路建设涵盖领域广、涉及学科多，由于编者水平有限，书中难免有错误、疏漏或不妥之处，恳请广大读者和专家批评指正。

作　者
2024年3月

目 录

1 绪论 ··· 1
   1.1 绿色公路建设背景 ··· 1
   1.2 深中通道项目概况 ··· 5
   1.3 研究综述 ··· 7

2 深中通道绿色公路技术体系 ·· 15
   2.1 项目特点 ··· 15
   2.2 建设思路与目标 ·· 18

3 深海绿色桥梁建设关键技术 ·· 22
   3.1 海中巨型锚碇围堰建造 ··· 22
   3.2 智慧梁场 ··· 33
   3.3 钢筋部品化施工 ·· 42
   3.4 一体化智能筑塔机 ··· 47
   3.5 海上大桥施工猫道 ··· 51
   3.6 海中大桥耐久性技术 ·· 55

4 沉管隧道绿色建造关键技术 ·· 64
   4.1 疏浚土综合利用 ·· 64
   4.2 钢壳智能制造 ··· 72
   4.3 沉管智能浇筑 ··· 81
   4.4 管节海上运输 ··· 90

    4.5 沉管基础低影响施工 ··· 99

    4.6 隧道节能通风照明 ··· 109

5 海上人工岛绿色建造关键技术 ·· 117

    5.1 硬土层辅助贯入施工技术 ·· 117

    5.2 钢圆筒振沉快速成岛技术 ·· 125

    5.3 海上人工岛绿色建筑设计 ·· 138

6 结论与展望 ·· 150

    6.1 结论 ··· 150

    6.2 展望 ··· 151

参考文献 ·· 152

1 绪 论

1.1 绿色公路建设背景

1.1.1 绿色公路的政策要求

党的十八大以来,以习近平同志为核心的党中央把生态文明建设摆在全局工作的突出位置,全方位、全地域、全过程加强生态环境保护,实现了由重点整治到系统治理、由被动应对到主动作为、由全球环境治理参与者到引领者、由实践探索到科学理论指导的重大转变。党的二十大报告指出,要牢固树立和践行绿水青山就是金山银山理念,站在人与自然和谐共生的高度谋划发展,协同推进降碳、减污、扩绿、增长,推进生态优先、节约集约、绿色低碳发展。2023年12月,中共中央、国务院发布《关于全面推进美丽中国建设的意见》,提出要抓好生态文明制度建设,以高品质生态环境支撑高质量发展,加快形成以实现人与自然和谐共生现代化为导向的美丽中国建设新格局,筑牢中华民族伟大复兴的生态根基。

2021年10月14日,国家主席习近平在第二届联合国全球可持续交通大会开幕式上的主旨讲话中,赋予了交通成为中国现代化开路先锋的新使命新定位,并提出"要加快形成绿色低碳交通运输方式,加强绿色基础设施建设,推广新能源、智能化、数字化、轻量化交通装备"。[1] 2023年9月25日,国家主席习近平向全球可持续交通高峰论坛致贺信,指出"建设安全、便捷、高效、绿色、经济、包容、韧性的可持续交通体系,是支撑服务经济社会高质量发展、实现

---

[1] 《习近平出席第二届联合国全球可持续交通大会开幕式并发表主旨讲话》,《人民日报》,2021年10月15日。

'人享其行、物畅其流'美好愿景的重要举措"❶。这些都为开展交通运输领域生态文明建设提供了基本遵循。

交通运输行业一直以来都高度重视生态文明建设和绿色低碳转型升级,提出了"四个交通"战略框架,明确了绿色交通的总体要求和发展目标,印发了《推进交通运输生态文明建设实施方案》《关于全面深入推进绿色交通发展的意见》等指导文件,要求构建绿色交通运输体系,并在节能降碳、资源节约等方面提出了更高要求。《交通强国建设纲要》高度重视交通绿色发展,提出了促进资源节约集约利用、强化节能减排和污染防治、强化交通生态环境保护修复三大任务。

公路工程作为交通基础设施的重要内容,也是绿色交通建设的先行者。交通运输部在"十二五"期间共设立了20个绿色公路主题性项目,开展绿色公路创建模式探索。2016年交通运输部发布了《关于实施绿色公路建设的指导意见》,提出五大任务和五个专项行动,在全国设立了33个绿色公路典型示范工程,希望以点带面,实现全行业绿色公路快速发展。2021年交通运输部印发《绿色交通"十四五"发展规划》,提出要"深化绿色公路建设。因地制宜推进新开工的高速公路全面落实绿色公路建设要求",同时专门提出"绿色交通基础设施建设行动"。为契合《国家综合立体交通网规划纲要》,完善综合立体交通运输网络和推进新型城镇化建设,跨海(江)公路通道工程向立体多层结构发展,绿色公路建设迎来了新的机遇和挑战。

粤港澳大湾区地处我国沿海开放前沿,以泛珠三角区域为广阔发展腹地,是我国开放程度最高、经济活力最强的区域之一,在国家发展大局中具有重要战略地位。2019年2月,中共中央、国务院印发《粤港澳大湾区发展规划纲要》,提出要建设充满活力的世界级城市群、具有全球影响力的国际科技创新中心、"一带一路"建设的重要支撑、内地与港澳深度合作示范区、宜居宜业宜游的优质生活圈的战略定位。粤港澳大湾区将成为高质量发展典范,其中基础设施的互联互通是粤港澳大湾区发展的重点领域。2020年11月,《交通强国建设广东试点实施方

---

❶ 《习近平向全球可持续交通高峰论坛致贺信》,《人民日报》,2023年9月26日。

案》获得交通运输部批复,包含交通基础设施高质量发展、交通与旅游等产业融合发展、智慧交通建设、枢纽服务效率提升和综合交通运输管理体制机制改革等五方面试点工作建设。

广东省作为全国高速公路通车里程第一大省,在全国率先发布了《广东省推进绿色公路建设实施方案》和《广东省绿色公路建设技术指南(试行)》,先后设立了两批23个省级绿色公路典型示范工程。2023年12月,广东省交通运输厅为落实省委省政府关于"绿美广东生态建设"的相关要求,出台了《广东省推进干线公路绿化品质提升行动实施方案》,全面推动"绿美广东"理念在全省干线公路贯彻落实,成为此后广东省绿色公路建设的工作重点之一。

1.1.2 绿色公路的概念及内涵

绿色公路方兴未艾,但其概念及内涵目前尚未有完全统一的定义。交通运输部《关于实施绿色公路建设的指导意见》中所提到的绿色公路是在原有绿色公路内涵基础上的继续、拓展和延伸,可分为狭义绿色公路和广义绿色公路两个层面。狭义的绿色公路建设是按照系统论方法,在公路全寿命周期内,统筹公路建设品质、资源利用、能源耗用、污染排放、生态影响和运行效率之间的关系,统筹公路规划、设计、建设、运营、管理全过程,以最少的资源占用、最小的能源耗用、最低的污染排放、最轻的生态影响,获得最优的建设品质和最高的运行效率,实现外部刚性约束与公路内在供给之间最大限度均衡的公路。广义的绿色公路是以绿色发展理念为引领,以生态良好保护、污染有效控制、资源能源节约集约使用等为目标,基于可持续发展、循环经济等理论构建的,能够高效、安全、舒适运行的公路交通运输体系。

与传统公路相比,新时期绿色公路的内涵有以下3个方面的转变:一是从侧重公路的功能因素、强调经济效益的传统建设思想转变为整体考虑区域经济、环境、社会综合系统平衡与协调的可持续发展思想;二是从单纯注重公路经济合理性、技术可行性的陈旧评价方法转变为综合经济、节能、环保、景观、可持续发展的多目标评价体系;三是绿色公路具有保护生态环境、降低能源成本、促进材料循环利用等优点,是交通行业调整结构、转变发展方式的必然选择,其建设理念从重视当前利益转变为关注长远利益,从关注代内公平拓展为统筹代际、代内公平。

1.1.3　绿色公路的发展历程

绿色公路是交通基础设施领域践行国家生态文明战略的具体抓手,公路建设者们一直致力于绿色公路探索实践。

从2003—2006年的川九公路、思小公路等交通部公路勘察设计典型示范工程起,就开展了以人为本、公路建设与自然和谐的生态公路初步探索。

2008—2010年依托神宜公路、广梧高速等交通运输部科技示范工程,开展了资源节约型、环境友好型公路的科技创新探索。

2013—2017年交通运输部开展了吉林鹤大高速、河南三淅高速等绿色公路主题性项目,初步形成了以节能减排为核心的绿色循环低碳公路建设理念的行业共识。

2016年交通运输部发布了《关于实施绿色公路建设的指导意见》,结合公路行业特点充分贯彻落实国家生态文明建设战略,绿色公路建设理念系统拓展为资源节约、生态环保、节能高效、服务提升等特征,在全国设立了33个绿色公路典型示范工程,达到各省(区、市)全覆盖。各示范项目结合区域特征及工程特点,开展了绿色公路示范创新探索,比如海南万洋高速从环保选线、土地和地材资源综合利用、生态保护等方面,安徽无岳高速从工业化建造、装配式涵洞通道、土石方综合利用、改扩建段绿色升级等方面均开展了绿色设计策划;内蒙古经乌高速从集约节约、环境保护、品质提升和完善服务等方面,江西广吉高速从绿色施工、橡胶沥青路面、海绵服务区等方面,广东惠清高速从绿色隧道、绿色路面、永临结合和资源循环利用等方面,湖南长益高速从资源利用集约、生态保护、建养并重、零弃少借等方面均因地制宜开展了特色技术攻关与推广应用。这些工程实践从行业层面大幅推进了绿色公路发展进程。在行业深化绿色公路建设的感召下,陕西、河南、安徽、广东等省也结合本省情况因地制宜设立了一批省级绿色公路示范工程。

广东省历来重视绿色公路建设,依托广梧高速、广佛肇高速、惠清高速、云茂高速等循序渐进地开展了山区绿色公路建设探索,在机荷高速、河惠高速进行了改扩建公路绿色转型实践,并且依托中山西环高速、南中高速引领了城镇密集区绿色公路创新技术的风向。

在大量绿色公路建设经验的基础上,交通运输部公路局于2019年组织编写了《绿色公路建设技术指南》,聚焦设计、施工的相关专业领域,阐释绿色公路建设的技术方案,突出绿色和智慧发展理念,是对《关于实施绿色公路建设的指导意见》的细化落实,进一步完善了绿色公路建设的技术支撑。

为完善综合立体交通运输网络和推进新型城镇化建设,越来越多的跨海(江)公路通道工程开工建设。因地质、水文、环境等条件特殊,工程技术难度及复杂程度高,跨海(江)通道绿色公路建设的技术同普通公路相比有显著区别。目前,瓯江北口大桥、沙埕湾跨海通道等项目在绿色公路建设方面开展了初步探索,但在系统性和创新性方面还有很大提升空间;港珠澳大桥开展了绿色公路主题性项目创建工作,但经验总结侧重节能减排和白海豚保护等工作,缺乏深入挖掘和系统提升。

跨海(江)绿色公路建设也应以《关于实施绿色公路建设的指导意见》为根本遵循,以全寿命周期全面绿色为目标,结合项目特色和需求,量体裁衣、因地制宜筛选构建最适合各自项目的绿色公路建设技术体系。在全面构建现代化高质量国家综合立体交通网的新时代,跨海(江)交通集群工程绿色公路建设技术瓶颈将被逐步突破。

1.2 深中通道项目概况

深中通道是粤港澳大湾区的战略性通道,是珠三角两大功能组团深莞惠与珠中江之间的唯一直连通道,对提高珠江西岸地区发展水平,促进东西两岸协同发展具有重要意义。深中通道是广州南沙、深圳前海、珠海横琴三个国家级新区和中山翠亨省级新区的交通纽带,也是深圳宝安国际机场客货运、广州南沙港客货运、深圳港客货运的重要集疏运通道。

深中通道不仅是广东自由贸易试验区之间的交通纽带,未来还将与港珠澳大桥、南沙大桥、虎门大桥、黄埔大桥、黄茅海跨海通道、狮子洋通道等共同组成世界级跨海(江)通道群,将区域内高密度的港口、机场、城际轨道、高速公路等贯通连接成为顺畅对接的立体化交通体系,促进人流、物流、资金流、信息流等要素高效流动和配置。

深中通道起于广深沿江高速机场互通东人工岛以东100m处,通过深圳侧接线对接机荷高速,终点至中山市马鞍岛横门互通,对接中开高速。深中通道全长23.973km,其中跨海段长约22.39km。

深中通道是继港珠澳大桥之后又一超级工程,集桥、岛、隧、水下互通于一体,设有世界首例双向八车道钢壳混凝土沉管隧道、世界最大跨径的全离岸海上悬索桥、世界首例全水下枢纽互通,是世界综合技术难度最高的跨海交通集群工程之一。深中通道采用"东隧西桥"的设计方案,主要构筑物包括东人工岛(面积34.38万m^2)、机场枢纽互通立交、海底沉管隧道(隧道全长6845m、沉管段长5035m)、西人工岛(面积13.7万m^2)、深中大桥(主跨1666m、三跨全漂浮体系海中悬索桥)和中山大桥(主跨580m、半漂浮结构体系斜拉桥)。

深中通道建成全貌见图1.2-1。

图1.2-1 深中通道建成全貌

项目概算投资446.9亿元,其中建安费352.3亿元。采用双向八车道高速公路技术标准,设计使用年限100年,设计速度100km/h,路基宽度41m。

2017年2月西人工岛钢圆筒围堰工程先行开工,2018年4月东人工岛开工,2018年8月沉管隧道开工,2023年11月28日主线全线贯通,2024年6月30日建成通车,总工期约7年。

1.3 研究综述

1.3.1 国内外研究现状

跨海通道建设是经济社会发展的必然要求,也是国家综合实力的体现,通过构建连接通道,能够打破地域局限,是促进区域互联互通、实现海陆区域经济一体化的先行者。跨海桥梁和海底隧道等现代跨海通道的建造距今约有170年的历史[1],全球已建造跨海通道百余条[2]。日本、丹麦、挪威等国家建造技术较为成熟。我国跨海通道建设起步较晚,于20世纪末开始步入跨海桥梁建设行列,经过20多年的迅猛发展,打造了一批以港珠澳大桥为代表的大型跨海通道工程,为加快建设交通强国注入了强劲科技动能,为推进海洋强国战略的实施提供了有力支撑。

世界首个利用岛屿作为桥隧转换枢纽的集群工程为美国旧金山的奥克兰海湾大桥,该桥于1936年建成,全长约6.4km,实现了人类在桥岛隧集群工程建造方面从无到有的历史性突破。世界上10座著名的跨海集群工程如表1.3-1所示[3]。这些集群工程隧道建设以沉管和盾构为主,大多通过人工岛完成桥隧转换或隧道始发。值得注意的是,全线长度超过10km的大型集群通道占60%,相较于传统桥梁工程,大型集群工程建设里程和施工周期更长,施工风险更高,对环境影响更大,且由于长期处于高湿、高盐、台风等复杂海洋性环境下[4],工程难度极大。经过八十余年的研究与实践,桥岛隧跨海集群施工关键技术不断发展、创新,为后续跨海工程建设奠定了坚实的基础。

世界著名桥岛隧跨海集群工程　　　　　表 1.3-1

序号	工程名称	竣工时间	桥梁长度（km）	岛屿数量及类型	隧道长度（km）	隧道类型	总长度（km）
1	旧金山—奥克兰海湾大桥(美国)	1936年	6.243	1个自然岛	0.160	山岭	6.403
2	汉普顿道路桥(美国)	1957年	5.6	1个人工岛	4.12	沉管	9.72
3	切萨皮克湾跨海大桥(美国)	1964年	22.2	4个人工岛	3.2	沉管	25.4
4	默里纳克—梅里马克纪念桥(美国)	1992年	5.1	2个人工岛	1.463	沉管	6.563
5	东京湾横断公路(日本)	1997年	4.4	1个人工岛	9.6	盾构	14.0
6	大贝尔特海峡通道(丹麦)	1997年	13.401	1个自然岛	8.024	盾构	21.425
7	厄勒海峡大桥(丹麦—瑞典)	2000年	7.845	1个人工岛	4.050	沉管	11.895
8	上海长江大桥(中国)	2009年	16.6	1个自然岛	8.9	盾构	25.5
9	巨济—釜山连岛大桥(韩国)	2010年	3.52	2个自然岛	3.2	沉管	6.72
10	港珠澳大桥(中国)	2018年	22.9	2个人工岛	6.7	沉管	29.6

随着全球对环境保护和可持续发展日益关注，桥岛隧工程作为交通基础设施的重要组成部分，因其特殊的地理环境和复杂的施工条件，对绿色建造技术有更高的要求。采取绿色建造技术有助于桥岛隧工程同步实现降本提质增效、资源集约、生态保护等全方位绿色效益。因此，本书结合实际工程案例分别从跨海桥梁、海底隧道、人工岛等方面梳理总结国内外跨海工程绿色建造技术，全面了解绿色技术应用现状，挖掘当前技术需求，以期为我国跨海集群工程高质量发展提供参考。

1.3.1.1　跨海桥梁绿色建造技术

（1）日本的跨海桥梁绿色建造技术。

日本被称为"千岛之国"，对跨海交通需求较大。为保障通行安全，1974—2021年间先后建成了14座跨海通道，其中著名的濑户海峡大桥和明石海峡大桥均于1988年建成。

日本濑户海峡大桥为铁路公路两用桥,全长 37.3km。建设过程中采用了系列先进施工技术,如应用世界上最粗直径的钢缆索架设有效提升了工程安全性与耐久性,塔架设置滑块式装置、黏性缓冲器以及动力吸收器等系列减震装置大幅提升桥梁抗震性能,均取得了良好的效果。此外,该桥采用主缆除湿系统、磁通量检测、钻孔取芯、电化学保护等多种措施,可准确判断结构的实时状态,延长桥梁使用寿命[5]。

明石海峡大桥为主跨 1990m 的超大悬索桥,采用最大极限强度 1800MPa 的主缆钢丝,大大缩小了主缆直径和减少了用钢量。该桥创新采用直升机牵引引导索以避免影响通航,采用调谐质量阻尼器提高裸塔抗风性能[6]。这些绿色施工技术为超大跨度悬索桥建造提供了宝贵经验。

(2)欧洲国家的跨海桥梁绿色建造技术。

英国、法国、丹麦、瑞典、挪威等国家经济发达,对固定式跨海通道需求迫切,自 1993 年起先后建成了英吉利海峡隧道、大贝尔特海峡通道、厄勒海峡大桥、挪威拉达尔隧道等。

大贝尔特海峡通道于 1997 年建成,由双塔悬索桥和海底铁路隧道组成。该工程桥梁上下部结构均采用预制构件,经"天鹅号"水上起重机运输吊装;引桥采用整体预制方式,经驳船浮运到桥位由起重机整跨吊装施工,大幅提高了施工效率,从第一沉井就位至最后一片预制箱梁吊装仅用 25 个月。通过建立"数字大脑"监测运维系统,利用无人机、算法分析等技术实现桥梁健康实时监控、检测,达到降本增效的目的;桥塔建造采用爬模法施工,提高了大体积桥塔施工安全性;通过在钢箱梁内部安装除湿系统、主缆采用镀锌高强钢丝提升了桥梁耐腐蚀性能;通过全桥模型风洞试验确保大跨径钢箱梁抗风性能满足颤振临界风速设计值[7]。

厄勒海峡大桥由主跨 490m 公铁两用斜拉桥、人工岛和沉管隧道组成,是首次采用工厂法预制沉管管节的跨海通道[8]。该桥双层桥面的设计理念充分发挥了资源集约效能,同时如沉箱、墩身等的高度预制装配化,保证了施工进度和安全,降低了施工对环境的干扰;优化改造原"天鹅号"起重船,同步提高起重量和高度,实现大型构件的起吊、运输和安装,大幅提高了安装效率[9]。厄勒海峡浅水区环境脆弱,为确保施工不影响进入波罗的海的水流,降低对海洋生物的破坏,丹麦和瑞典在建设初期严格规定施工期尽量降低疏浚量,同时要求疏浚作业对水流堵塞的影响控制在1%以内,通过填补疏浚物以降低剩余1%的影响[10]。

(3)我国的跨海桥梁绿色建造技术。

我国在跨海工程建设方面虽起步较晚,但结合国外先进经验,自主研发了多项适用于本国的创新性技术,成功应用于多座跨海通道的建设,大幅提升了绿色效能。

东海大桥于2005年建成,是我国首批建设的外海跨海通道工程之一。该桥通过研发并应用海上GPS打桩定位系统,实现了水位变化下快速精准定位桩位;提出了外海超大型混凝土箱形连续梁预制安装技术,研发的新型施工装备包括3000t浮式起重机"小天鹅"和2500t浮式起重机"大力"号等,实现了非通航孔桥箱梁和桥墩工厂整体预制、现场整孔吊装的快速施工;通过采用高性能混凝土、提高混凝土密实度、降低水化热、适当增加钢筋保护层厚度及控制裂缝宽度等方法提高了混凝土结构的耐久性,对钢梁采用金属喷涂加重防腐涂料,对水中钢管桩采用牺牲阳极保护及预留腐蚀厚度等方法提高钢结构的耐久性。

港珠澳大桥是我国首座采用桥、岛、隧组合的世界最大规模的跨海集群工程,创新提出了"大型化、标准化、工厂化、装配化"建设理念,实现全桥上部结构装配化率90%以上。桥墩及箱梁采用工厂化预制、现场装配,应用自主研发的"长大海升"号和"一航津泰"号浮式起重机共同完成精准吊装作业,是世界首次实现钢索塔工厂内整体预制,2台浮式起重机整体吊装。这些系列绿色建造技术为桥梁工程的安全、高效、高质量施工提供了技术参考。

1.3.1.2　海底隧道绿色建造技术

国内外关于跨海隧道建造技术已开展了大量研究与实践,目前主要的施工方法有钻爆法、盾构法、沉管法等。由于海底隧道施工作业位于水下,对海洋环境的影响更大,因此对施工技术的绿色化要求更高。

(1)隧道掘进机法[11]。

隧道掘进机法使用相对较少,应用该施工方法的跨海通道有英吉利海峡通道、大贝尔特海峡通道、东京湾横断公路等。日本濑户大桥通过采用钻孔爆破与大型挖掘机船相结合的技术大大加快了海底施工速度,实现隧道零事故作业,但钻孔爆破技术存在一定的海洋环境污染风险[12]。

英吉利海峡通道由3条长51 km的平行盾构隧道组成,经大量地质勘测,选定不含水的白垩系泥灰岩作为隧道建设点位,确保了隧道开挖与后期运营的安全性;采用"新型奥地利式挖掘法",定向研制配有计算机控制系统的巨型挖掘机,通过卫星导航激光仪自动控制挖掘方向,实现了高速精准开挖,缩短了施工时间,降低了对海域环境的影响[13]。运营期通过电泵抽出含水层的水,用于供应灭火系统,有效保护了隧道中的铁轨,实现水资源利用最大化;综合利用开挖产生的500万 m^3 石灰岩,用于隧道周边荒地土壤改良,打造拥有200多种植被、30多种蝴蝶和200多种鸟类的生态栖息地[14]。

(2)沉管隧道法。

沉管隧道距今已有100多年的历史,各国已建成具有交通功能的沉管隧道约150座。近30年来建造的厄勒海峡大桥[15]、巨济-釜山连岛大桥[16]和港珠澳大桥等均采用节段式钢筋混凝土沉管隧道,汉普顿道路桥隧和切萨皮克湾跨海大桥采用整体式钢壳沉管隧道。厄勒海峡大桥和港珠澳大桥沉管隧道工程采用工厂法预制沉管[17-18],实现管节预制无裂缝,大幅提高了作业质量与效率,降低了对海洋环境的长周期影响。施工中的主要难点包括开挖隧道基槽,软土地基处理,隧道管节预制、运输、下沉和对接,以及回填覆盖固定等环节。

针对沉管隧道基础垫层平整度难题,韩国巨济-釜山连岛大桥沉管隧道基础处理采用水下深层水泥搅拌桩,并通过自主研发的体外定位微调装置实现管节平面位置精准调整。厄勒海峡大桥沉管隧道在满足环保要求的条件下,将"双子星"绞吸船的铰刀功率提高到3680kW,实现200万 m^3 石灰岩高效开挖;通过应用水下高精度声呐测量技术,大幅提高了管节沉放姿态的控制精确度。在港珠澳大桥沉管隧道工程中,研发了隧道基础处理的碎石整平船、挤密砂桩船等工程装备[19],通过高精度技术有效解决了基础垫层不平整问题,实现高质量低扰动施工。

针对管节对接的难题,韩国巨济-釜山连岛大桥通过遥控水下调节架,辅以微型水下交通潜艇进行水下施工质量检查,避免了潜水员水下作业的风险。港珠澳大桥沉管隧道工程项目自主研发了一套"深水无人沉放系统",在GINA止水带内侧安置若干千斤顶,通过信息技术和遥控技术实现管节姿态调整、轴线控制和精确对接[20];较巨济-釜山连岛大桥,港珠澳大桥沉管安装精度更高,实现了施工质量、效率与安全的协同推进。

现有隧道设计统筹考虑了运营期行车安全,体现了人性化建设理念。例如挪威拉达尔隧道长达24.51km,为确保驾乘人员的安全,每隔250m设置1处紧急电话,每隔125m设置灭火器;当两者被同时使用时,系统则发出停车警示,实现提前预警功能。该隧道首次配备大气污染处理设施,净化隧道空气。此外,为缓解驾驶人视觉疲劳,隧道内灯光设计为白色、蓝色和黄色,营造一种日出的光感。

1.3.1.3 人工岛绿色建造技术

人工岛建设最早起源于20世纪60年代末期[21]。近年来,为充分利用海洋空间资源,国内外已开展了大量人工岛建造技术研究,广泛应用于机场、码头、旅游区建设。随着各地交通需求不断加大,人工岛技术逐渐被应用于跨海通道建设中。人工岛作为桥梁支撑点、隧道通风处的桥隧转换枢纽,是跨海集群工程中必不可少的重要组成部分,大多位于海中央,具有离岸较远、所处水位深的特点。然而,人工岛建设会破坏原有沉积力平衡,影响区域水文动力,占据海洋生物栖息地,对海水水质及海洋生态环境有一定影响,已引起大量研究者的重视。

人工岛建设过程包括前期地基处理、围堰及护岸构建和填土加固[22]。人工岛围堰结构的选取会对海洋环境产生不同程度的影响。抛石围堰技术在淤泥层厚区域会消耗大量土石方,抛石过程对水体扰动大,影响海洋生态环境,不符合绿色建造理念。东京湾横断公路人工岛通过挤密砂桩法和深层水泥搅拌桩法进行软基加固,后采用钢管桩法建造围堰[23];厄勒海峡大桥人工岛采用总重180万t的大型石料堆积形成围堰,经16艘驳船和全球卫星导航系统实现运输与定位下放。港珠澳大桥引进挤密砂桩软基加固成套技术进行地基处理,通过液压振动锤联动振沉大直径钢圆筒实现围堰建造,形成低扰动快速成岛技术,有效解决了深厚超软弱地层中成岛困难问题,相比传统大范围开挖、换填,挤密砂桩技术将对水体的污染降至最低[24-25]。

在填土加固阶段,一些工程采取了综合利用技术。厄勒海峡大桥人工岛内填充材料就地取材,合理利用疏浚海底的碎石;东京湾横断公路合理利用固化处理后的人工岛弃土,避免了疏浚物堆放对环境造成影响,大幅降低了填料购置与运输费用,减少填料运输过程石油泄漏对海洋环境污染,提高了填筑效率,实现了工程效率与环境保护的平衡。

1.3.2 小结

目前国内外针对桥岛隧跨海工程建造技术已开展大量研究,研发的创新性绿色建造技术在工程建设中已获得成功应用,很好地贯彻落实了资源集约、低扰动、低污染、低破坏的绿色设计理念,为深中通道工程建造提供了很好的可借鉴经验。但不同工程所处海域环境条件差异大,面临的技术难题不同,国内外成熟的技术无法直接照搬,需结合深中通道工程特点、施工海域地质气候条件、海洋环境保护需求等。对已有技术进行改进优化,研制出适用于深中通道的绿色建造技术,保障工程建设的安全性、高效性与耐久性,实现生态保护与节能降碳的和谐统一。

国内外现有各类绿色建造技术较为单一,缺少对桥梁、隧道及人工岛等多类型跨海交通工程绿色技术的系统总结与分析。深中通道面对跨越多处环境敏感点、施工区域泥沙含量大、暴雨台风频发等复杂作业环境,对环保与施工技术的要求极高,有必要对深中通道全线全过程采用的绿色技术进行系统总结,形成大型桥岛隧集群工程成套绿色技术,在我国高度重视绿色基础设施建设与高质量发展的新时代,具有重要的理论提升价值与应用指导意义。

2 深中通道绿色公路技术体系

2.1 项目特点

根据新时期绿色公路建设的内涵与要求,结合深中通道工程实际,从线位选择、智能建造、品质耐久、生态环保和节能减排 5 个方面梳理深中通道项目特点。

2.1.1 大湾区内通深中,伶仃洋里不零丁

深中通道位于粤港澳大湾区的几何中心位置,是粤东与粤西地区之间最为便捷的东西向高速通道,将深圳、中山两大城市跨越珠江直接连通,比绕行广州市区可节约行车里程约 80km,深圳到中山车程由 2h 缩短到 30min,中山可 1h 内通达周边四大机场和深水港,为满足珠江下游东西两岸 2 万亿元 GDP 的经济体快速增长提供交通支撑。

深中通道北距虎门大桥 30km,南距港珠澳大桥 31km。深中通道建成后,三大工程在伶仃洋上相得益彰,使跨珠江运输通道选择更加丰富,各公路跨江通道功能互补、相互协调,共同为珠江两岸经济一体化发展服务。由于虎门大桥、广深高速、广珠东线高速交通量均已饱和,深中通道建成通车后日均车流量约 10 万次,呈现出世界级城市群一片繁忙的交通景象。

深中通道在如此重要的位置选址建设,其廊道和线位选择难度极高,需要考虑深圳机场的航空限高、穿越 7 条航道(2 条出海主航道)的通航需求、珠海出海口河口湾的防洪要求和中华白海豚洄游区等诸多纷繁复杂的因素。

2.1.2 桥岛隧通冠绝伦，智能建造提质效

深中通道是集桥、岛、隧、水下互通于一体的世界级跨海集群工程、复杂巨系统的超级工程。其中，海底隧道采用世界首例双向八车道钢壳混凝土沉管隧道，结构形式全新，是世界跨海通道工程综合难度和规模最大的钢壳沉管隧道；深中大桥主跨1666m，是世界最大跨径的全离岸海中悬索桥，涉及世界最大海中锚碇施工；机场枢纽互通立交是世界首个全水下枢纽互通立交；西人工岛采用世界最大的钢圆筒和振动锤等快速成岛施工技术。

深海施工受台风、风浪等影响，难度极高，工期很短，要求大量梁板、沉管在陆地进行集中预制、统一加工，通过"标准化设计-工厂化生产-装配化施工"等智慧梁场模式，实现优化资源配置、保证预制质量和提高施工效率，并通过智能切割、智能焊接、智能总拼、智能涂装、智能管控、浮运沉放等，实现流水线自动化智能建造，引领交通行业高质量发展，将深中通道打造成交通强国建设标杆工程。

2.1.3 深海台风形势峻，品质耐久守初心

深中通道深入伶仃洋内部，在高盐度、高温、高湿的恶劣海洋环境下开展建设，面临海洋工程大体积混凝土开裂、正交异性钢桥面板疲劳和海中悬索桥主缆防腐等世界性交通基础设施建造难题。作为珠江口的战略性通道，需要有针对性地采取一系列耐腐蚀技术措施保障工程耐久性，以达到建设百年品质工程的目标。

深中通道地处南亚热带海洋性季风气候区，气候复杂多变，超强台风频发，降雨量多且强度大。近60年间对深中通道区域产生严重影响的热带气旋达22个，主要集中在每年6至10月份，登陆最大中心风速达到40m/s。高强台风暴雨对超大跨度、超高桥面的防风性能、工程结构稳定性、水下隧道互通防水性能、附属设施排洪能力等都提出极为严格的约束和高标准的要求。此外，海上工程设计还需要前瞻性地考虑后期检修、养护便利性，实现生命周期综合投入最优。

2.1.4 海洋环境不可轻，生态和谐新地标

深中通道所处海域自然环境优美，海洋物种丰富，生态环境保护要求高。珠江口中华白海豚自然保护区为珍稀濒危水生动物保护区，主要保护对象是中华白海豚和江豚，与深中通道最近距离16.35km。

深中通道项目区域泥沙含量是港珠澳大桥的4倍，项目建设会对水下环境存在疏浚扰动、水体污染等环境影响，还会对万顷沙海洋保护区和淇澳岛海洋保护区红树林生态系统及海洋生态环境造成影响，应采取先进的环保技术方法和施工工艺，进行最大限度的生态环境保护。

深中通道通过国际竞赛筛选最佳景观设计方案，融入美学方法开展设计创作，总体设计大气、优雅、简洁，整体感、标志性及珠江口门户形象突出，结构、力学和美学协调，一气呵成。蜿蜒伸展的海上大桥、鲲鹏展翅的人工岛屿与周边烟波浩渺的珠江口海域、千船竞发的海上盛世等区域环境和谐统一，成为粤港澳大湾区的新地标建筑。

2.1.5 节能减排百年计，施工运营两相宜

深中通道施工期长达7年，各类复杂的施工工艺、施工机械、运输船舶应选用能耗低、功效高、工艺先进的机械设备，积极应用节能减排技术，优先应用清洁能源，实现海上作业能源高质量利用；优化施工组织，合理安排工序，提高设备使用效率，全面降低施工过程各类能源消耗。

深中通道通过特长超宽隧道与水下枢纽互通连接，地下工程的照明、通风、排烟等设施的电能消耗是整个工程运营能耗的主要部分。采取先进的智慧交通手段，每年将会收获显著的节能减排效益。考虑百年品质工程的定位，年节电量扩大百倍，在提升深中通道全寿命周期节能减排效果的同时，也会产生相当可观的经济效益。

2.2 建设思路与目标

2.2.1 主题定位

根据深中通道区位特征和工程特点,确定项目绿色公路建设的主题定位为"深入浅出·秀外慧中"。该主题定位为深中通道量身打造,将深中通道项目名称中的"深中"两字藏于首尾,高度契合项目特色,释义如下。

深入:表明了深中通道深入粤港澳大湾区的核心腹地,深入珠江口深海,是珠江两岸"A"形骨架最重要一横,将充分发挥交通基础设施互联互通作用,有力支撑粤港澳大湾区建设的国家战略。

浅出:阐明了深中通道建设践行生态文明理念,采取一系列绿色公路技术措施,最大限度地控制资源占用,实现最小的能源消耗和污染排放,保护珠江口生态环境,支撑生态文明建设。

秀外:点明了项目优雅大气的主桥与鲲鹏展翅的人工岛交相辉映,实现力与美的协调统一,打造珠江口景观地标,破解跨江集群工程建设的世界性难题,为"一带一路"沿线国家交通建设提供中国标准。

慧中:突出了超级工程的智慧内核,通过高度集约的智慧梁场、流水线自动化钢壳制造、全生命周期 BIM 智慧管控等新基建智能建造技术,提质增效,助力交通强国建设国家战略。

"深入浅出·秀外慧中"巧用朴实的成语,通过"出、入"和"中、外"的对比,深刻诠释了深中通道绿色公路的特色主题与核心要义。

2.2.2 建设思路

根据典型跨海交通集群工程——深中通道线位选择难、工程规模大、耐久要求高、环保制约严、节能需求广等项目特点,将绿色发展理念贯彻到深中通道设计、施工、运营、养护和管理的全生命周期,因地制宜地选择符合项目特点的特色技术,构建深海绿色桥梁建设、沉管隧道绿色建造、海上人工岛绿色建造等三大亮点技术,推动公路建设新理论、新结构、新方案、新技术、新材料、新装备等技术革新,形成跨海公路系列标准规范,促进工程建设理念、品质升级,打造跨海交通集群工程绿色公路样板标杆,引领交通行业高质量发展,为内含绿色品质的交通强国建设提供重要支撑。深中通道绿色公路建设思路如图 2.2-1 所示。

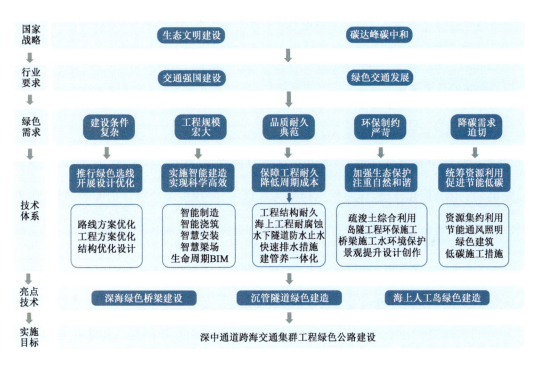

图 2.2-1　深中通道绿色公路建设思路框架

2.2.3　具体目标

2.2.3.1　筛选原则

以《关于实施绿色公路建设的指导意见》为指导,结合深中通道前期论证、设计文件和工程建设情况,对深中通道采用的各类绿色公路技术按照以下原则进行梳理筛选。

(1)创新驱动,示范引领。

从绿色公路建设理念出发,深入挖掘项目科技攻关课题中的创新性绿色技术,既注重具有生态保护、节能减排等效益的直接绿色技术,又兼顾提高效率、提升质量、缩短工期、减少养护等方面的间接绿色技术,促进跨海集群工程绿色公路科技进步,充分发挥科技引领带动作用。

(2)系统梳理,全面提升。

坚持全过程、全要素考虑,将资源节约、环境友好、全生命周期等理念贯穿深中通道规划设计、施工建设、运营维护全过程,以全面梳理总结深中通道采用的优秀绿色技术为主,并充分考虑技术先进性、特殊性和示范性进行拔高提炼,优中选优,结合项目自身特点进行重新归类、整合,形成全新的技术体系。

(3)因地制宜,突出特色。

紧密结合深中通道自身特点,充分发挥项目的区位、经济、人才、技术、制度等综合优势,突出工厂化智能化建造、深海构筑物耐久性保障、海洋生态环境保护等典型性、代表性的技术方向,因地制宜遴选特色绿色技术,积极打造深中通道绿色公路建设亮点,树立行业典范。

(4)需求导向,客观实际。

从项目实际需求出发,摒弃"为了示范而示范"的盲从误区,不刻意追求噱头,根据客观条件量力而为,兼顾技术的成熟性、适用性和经济性,采取的绿色技术措施能够切实解决深中通道施工和运营中实际工程问题,在降低资源消耗、减少环境破坏的同时尽量不增加建设投入。

2.2.3.2 技术框架及目标

按照上述原则,因地制宜选择符合项目特点的实施内容,构建绿色选线、智能建造、工程耐久、生态保护、节能降碳等5方面21项实施内容特色技术体系,实施目标具体见表2.2-1。深中通道形成了深海绿色桥梁建设、沉管隧道绿色建造、海上人工岛绿色建造等三大亮点技术,后文也将按照这三大亮点着重介绍深中通道所实施的特色创新绿色技术,以期为跨海交通集群工程绿色公路建设提供经验,树立典型。

深中通道绿色公路技术框架及目标规模　　　　　　　表 2.2-1

分类	实施项目	目标规模
推行绿色选线 开展设计优化	路线方案优化	全线
	工程方案优化	全线
	结构设计优化	全线
实施智能建造 实现科学高效	智能制造	管节钢壳、钢箱梁
	智能浇筑	桂山岛和龙穴船厂预制场
	智慧安装	沉管隧道
	智慧梁场	中山预制梁场
	生命周期BIM	全线
保障工程耐久 降低周期成本	工程结构耐久	全线
	海上工程耐腐蚀	桥梁及水下隧道
	水下隧道止水防水	水下隧道
	快速排水措施	全线
	建管养一体化	全线
加强生态保护 注重自然和谐	疏浚土综合利用	全线
	岛隧工程环保施工	人工岛、水下隧道
	桥梁施工水环境保护	全线桥梁
	景观提升设计创作	全线
统筹资源利用 促进节能低碳	资源集约利用	全线
	节能通风照明	水下隧道、水下互通
	绿色建筑	西人工岛
	低碳施工措施	全线

3 深海绿色桥梁建设关键技术

深中通道主线桥梁始于西人工岛岛桥结合部，以特大跨径桥梁跨越伶仃洋上最繁忙的伶仃西航道和横门东水道，终于中山马鞍岛翠亨东互通。桥梁全长17031m，犹如由主桥深中大桥（主跨1666m离岸海中悬索桥）、中山大桥（主跨580m斜拉桥）、非通航孔桥、万顷沙互通（部分）、马鞍岛陆域段引桥及横门互通（部分）串联而成的海上天路，成为连接西人工岛与中开高速、中山东环的快捷通道。全线采用双向八车道的技术标准，桥梁宽度41m。海上长桥采用整幅式桥墩，深中大桥和中山大桥塔柱截面、横梁及锚碇均采用晶体切面的几何构造，两座主桥塔冠建筑风格一致，形成姊妹桥格局。整体桥梁设计力求简洁，体现与珠江海域环境、周边建筑风格相协调的韵律美。全线桥梁建设运营中充分贯彻绿色理念，采用海中锚碇围堰建造、智慧梁场、钢筋部品化施工、一体化筑塔机、海上猫道、耐久性保障等技术，以低能耗、低成本打造高品质桥梁工程，为跨海桥梁工程绿色建造提供技术参考。

3.1 海中巨型锚碇围堰建造

3.1.1 技术背景

作为深中通道桥梁工程的关键控制性结构，主桥东锚碇和西锚碇是全球首座大型海中锚碇，犹如两颗海中巨型钻石，稳定扎根于深中大桥两侧，共同承受主桥近20万t的质量。单个锚碇横截面积相当于17个国际标准篮球场，质量约100万t。

由于锚碇所处海域水文、地质等条件不同,东锚碇采用稳定性更强的锁扣钢管桩围堰方式筑岛,西锚碇采用更易拆除回用的土工管袋围堰方式筑岛,因地制宜实现水上施工转陆域施工。

3.1.1.1 东锚碇锁扣钢管桩围堰

锁扣钢管桩围堰[26]作为海工桥梁基础修建常用的围堰形式之一,具有结构稳定、抗台风能力强、施工周期短、设备投入少、适用于软弱覆盖地层河床等特点。但是对于处在淤泥层厚区域的大规模围堰施工,存在局部流场结构易改变、钢管桩稳定性差、钢管桩难以精准施沉与合龙等问题。因此,如何减缓海床形态变化、实现钢管桩精准施沉成为亟待解决的关键问题。

东锚碇工程区域处常水位水深4.66~5.15m,毗邻10万吨级伶仃洋航道,区域多为流塑性淤泥,淤泥层平均厚度10m,侧向稳定性极差,且该区域台风频发,给东锚碇筑岛围堰结构稳定性带来了极大的挑战。

深中通道结合实际区域特征和国内外工程经验,综合考虑东锚碇围堰施工安全、中华白海豚保护、施工周期和建设成本控制等问题,最终确定东锚碇围堰选用锁扣钢管桩与工字形板桩组合方案。通过优化施工顺序、改进钢管桩施沉与合龙、实时高质量精准检测,形成适用于地质复杂的大体积锚碇"锁扣钢管桩+工字形板桩+平行钢丝索"自平衡柔性围堰技术,可为外海大规模围堰工程建设提供技术参考。

3.1.1.2 西锚碇土工管袋围堰

土工管袋围堰[27]是采用土工管袋分级堆填成堤、堰内吹填海砂填筑的一种围堰。这种围堰充分利用砂土混合物易排水固结和纺土工模袋扁丝间空隙易渗水的特性,通过泥浆泵将粉细砂土和水混合物充填进土工管袋,边冲进边滤水,使砂土混合浆液经排水固结形成一定宽度的扁圆形长条状袋装砂土带,经自下而上分层分段吹砂填筑,形成一层层带状砂土墙。因土工管袋围堰具有抗波浪冲击能力强、稳定性好、抗紫外线能力强、耐久性、经济性等优点,目前在国外被广泛应用于建筑堤防、填海造陆、施工围堰等,但在国内应用较少。

西锚碇工程区域处常水位水深2.6~3.2m,上部淤泥层分布连续稳定;下部多为粉质黏土层,厚度不大;中部砂层分布较均匀,岩性主要以粉砂、中砂、粉质黏土为主。5千吨级龙穴南航道距离西锚碇65~100m,施工船舶与通航船舶来往穿行,施工安全风险高。

综合考虑西锚碇所处海域水深、临近航道情况,经多方论证方案比选,深中通道西锚碇围堰采用适用于矮堤、施工难度较低、围堰筑岛易拆除的土工管袋围堰,总体思路为"海上地基处理(深层水泥搅拌技术,Deep Cemont Mixing,简称DCM)+土工管袋围堰成型+吹填砂筑岛+陆上地基处理(挤密砂桩)+面层施工"。其中,地基处理和土工管袋安装为围堰施工的重难点。深中通道西锚碇土工管袋围堰技术的应用可为浅水区域围堰筑岛提供工程思路与经验。

3.1.2 施工工艺

3.1.2.1 东锚碇锁扣钢管桩围堰

(1)技术概要。

东锚碇采用158根 φ2000mm×18mm 锁扣钢管桩形成直径150m圆形围堰,钢管桩之间通过锁扣与工字形板桩连接,锁扣采用C形钢管,如图3.1-1所示。借鉴"水桶环箍原理",通过设置围箍结构,增强围箍结构的整体性,实现自平衡。围堰内部回填砂,外侧抛沙袋护坡并用块石进行冲刷防护,采用分级放坡,有效防护宽度约30m。

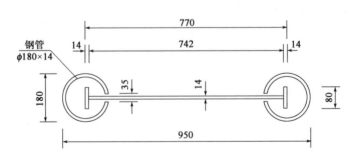

图3.1-1 锁扣与工字型板桩示意图(尺寸单位:cm)

(2)工艺流程。

东锚碇围堰施工工艺流程如图3.1-2所示,施工核心工序为锁扣钢管桩施工。在施工锁扣钢管桩围堰之前需对锚碇区域进行清淤、软土地基加固、插打塑料排水板,使淤泥层逐步达到固结,提高土体抗剪强度;同时通过在围堰外侧设置反压护坡,改善锁扣钢管桩受力,降低围堰结构在施工及使用阶段的安全风险。

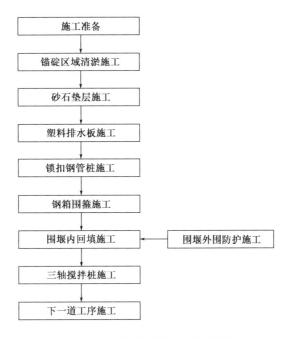

图3.1-2 东锚碇围堰施工工艺流程图

施工步骤[28]:采用8m³抓斗式挖泥船对围堰海床220m区域进行清淤(清淤厚度为2m),之后通过定位船进行抛锚定位,由抛砂船从上游侧向下游侧逐步抛填中粗砂垫层和碎石垫层,清淤和抛填前后利用多波束侧扫船舶及时检测,确保清淤和软土地基加固质量。接着采用2艘插板船同时进行塑料排水板分区搭设,设计插设深度为25m,施工精度平面位置控制在±50mm,垂直度控制在1.5%以内。随后通过导向架对锁扣钢管桩进行精准定位,利用振动锤锤击下沉锁扣钢管桩和工字型板桩,待锁扣钢管桩合龙后按照先上下游、后走右侧的顺序进行钢箱围檩施工。堰内回填采用皮带船将回填砂输送至岛内,分三层吹填,吹填高度依次为3m、3m、2.5m;在围堰内吹填时同步施工围堰外侧防护,并监测钢管桩围堰变形情况;围堰外侧三层防护依次为袋装砂层、袋装碎石层、块石层。最后为保证后续地连墙成槽中回填砂层槽壁稳定性,在导墙底部区域通过三轴搅拌桩进行土体置换,以承受后续地连墙施工荷载。

(3)施工方法。

①施工水域布置。

由于东锚碇施工区域临近10万吨级伶仃洋航道,为了保证航道通行安全及施工顺畅,特向海事部门申请占用桥轴线上下游各1km的专用施工水域,同时平台上下游各布置一艘警戒船,对施工水域进行交通管制。

②锁扣钢管桩施工。

施工顺序:由于钢管桩围堰规模较大,施工会改变局部流场结构,影响海床冲刷形态,从而加大锁扣钢管桩施沉产生的累计误差,造成合龙困难。为最大限度降低对海床形态影响,工程采取分区分段分次施沉,如图3.1-3所示。通过冲刷模型试验优化施工顺序,提出了施工砂垫层和15~25mm碎石层——施工上下游的围堰管桩——施工两侧钢管桩——钢管桩外侧采用抛填袋装砂防护的围堰方案。

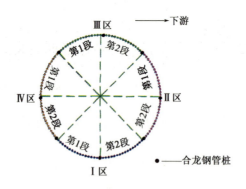

图3.1-3 围堰分区(段)示意图

精准施沉:锁扣钢管桩采用"骑跨式"结构的导向架通过悬臂端可伸缩的千斤顶进行导向定位。精确定位后,通过起重船主钩起吊振动锤至锁扣钢管桩顶部,经复核桩偏位无异常后对锁扣钢管桩进行锤击下沉,锁扣最大允许偏差为18cm。施沉过程应实时监测,确保施沉质量。

③工字型板桩施工。

工字型板桩采用起重船起吊并插入相邻锁扣钢管桩,利用振动锤锤击下沉。为减小锁扣钢管桩顺序施沉产生的累计误差,保证锁扣连接质量,围堰总体采用分区分段施沉,分段间和分区间设合龙段工字形板桩。当标准段锁扣钢管桩施打过程中累计误差超过±20cm时,需特制工字型板桩,以调整锁扣钢管桩精度。

④合龙段施工。

为保证合龙段精度控制在±20cm以内,根据合龙口两侧已施沉钢管桩平面位置及倾斜度,特制两侧楔形钢板桩,使其锁扣与合龙钢管桩的锁扣平行且宽度一致。为精准施沉钢板桩,在两端钢管桩上焊接固定双层定位型钢,施沉时通过内侧型钢上安装的千斤顶辅助下沉,使钢板桩紧贴外侧限位型钢下沉,实现精准定位与导向,具体施工见图3.1-4。

图3.1-4 东锚碇筑岛围堰合龙

3.1.2.2 西锚碇土工管袋围堰

(1)技术概要。

西锚碇土工管袋围堰采用抗浪沙袋分层堆填成岛体围堤结构,如图3.1-5所示。围堤内部吹填砂,形成不规则椭圆形岛体,岛体顺水流方向长210m、垂直水流方向宽150m。采用坡度为1∶2的斜坡抗浪沙袋形成岛壁,堰体内部吹填中粗砂,堤顶设置抗浪沙袋防浪墙,堤前采用软体排+雷诺护垫的组合式防护结构,其中雷诺护垫宽度不小于15m。

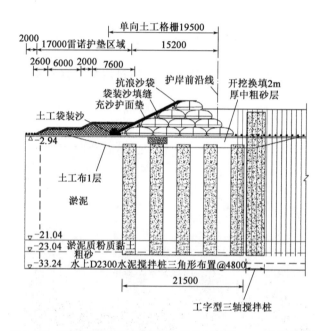

图3.1-5 西锚碇筑岛围堰护岸结构立面(尺寸单位:mm;高程单位:m)

(2)工艺流程。

西锚碇土工管袋围堰关键工序[29]包括水中桩软基处理、岛壁结构吹填抗浪沙袋、人工岛体吹填中粗砂、陆上挤密砂桩处理。

西锚碇土工管袋围堰工艺流程见图3.1-6,施工步骤[30]为:首先采用抓斗式挖泥船进行基槽开挖清淤,利用施工驳船进行土工布水下沉放与铺设,并配置适量沙包进行临时压填;土工布铺设完成后,随即根据地面高程分区进行砂垫层抛填与整平。利用集深层土体切削搅拌、水泥浆精准注入、智能化施工管理于一体的DCM船喷浆成桩以加固软弱地基;

之后依次铺设土工格栅、砂肋软体排等土工织物及300mm厚的格宾笼块石围堤护底结构，以增加地基稳定性。前期地基加固处理后，进入吹填土工管袋施工环节，施工区域为护岸前沿线21.5m范围，土工管袋分层堆填施工，共计5层；第一级围堤抗浪沙袋吹填完成后同步吹填岛体内部中粗砂，以保证围堰结构的稳定性，待岛体内部形成施工平台后采用挤密砂桩进行分区域陆域地基处理，在对应区域的地基处理完成后开始第二级围堤抗浪沙袋吹填，形成锚碇施工工作平台，施工照片见图3.1-7。

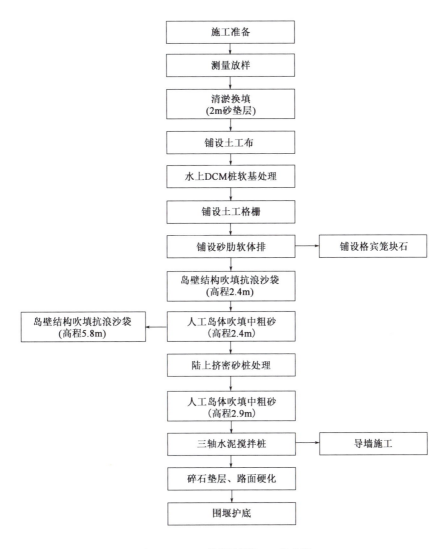

图3.1-6 土工管袋围堰施工工艺流程

图 3.1-7 西锚碇筑岛围堰

（3）施工方法。

①岛体布置。由于西锚碇混凝土方量大,为降低混凝土上下坡运输风险,便于机械设备灵活布置,同时考虑防洪、阻水及航道关系等要求,深中通道将临时围堰设计为不规则椭圆形状,锚碇搅拌站、地连墙钢筋笼制作、索盘存放、生活区等设置在人工岛上,提高了施工安全和效率。

②水中软基处理。DCM 是一种先进环保的软弱地基处理工艺。典型的 DCM 工艺处理过程是通过机械搅拌将水泥浆混合贯入软弱土层并达到持力土层,如图 3.1-8 所示。在贯入和上拔过程中,处理机的搅拌轴将软弱土与喷入的水泥浆强制搅拌形成柱状水泥土。水泥土经过自然养护固化后形成具备一定强度和较小变形量的桩基基础,并与原土层形成复合地基,最终增强地基承载能力,减小沉降变形量。在 DCM 工艺处理中,水灰比、搅拌机转数、升降速度、输浆量、成桩垂直度等工艺参数,是保证沉桩质量、确保加固土体满足设计强度的关键条件。上述工艺参数可在 DCM 船上的施工管理系统进行提前设置,实现"一键式"智能全自动化施工成桩,具备全程实时监控、信息收集、数据分析、记录、自动报警等功能,保证成桩质量。

③抗浪沙袋施工。为减小风浪对施工的影响,抗浪沙袋按"先上游侧后下游侧,两侧同步"的顺序施工,施工作业分为水下充填(第1、2层)和水上充填(第3、4、5层)。在水下充填抗浪沙袋时,需采用泵砂船抛锚定位,用双股丙纶绳系上布袋末端,由施工人员准确放至点位处,后将充填软管与袖口连接,按照"先充填四个角点袖口,再充填其余袖口"的顺序施工,确

保抗浪沙袋准确定位安装。在水上充填抗浪沙袋时,无需船抛锚定位,直接进入软管袖口连接和沙袋充填环节,充填过程中需反复踩踏充填袋确保砂料均匀、平整、固结。

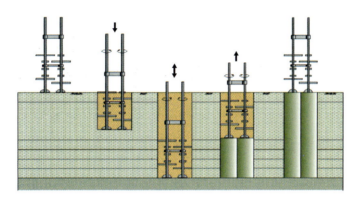

图 3.1-8 DCM 桩施工示意图

(4)技术参数。

通过对试验和施工中得出的数据分析,确定水灰配合比,优化各项施工参数,总结形成锚碇围堰 DCM 法软基处理技术参数见表 3.1-1,为后续类似工程提供参考借鉴。

DCM 法推荐技术参数 表 3.1-1

技术参数	单位	取值
单次处理面积	m²	4.274~5.355
处理机搅拌轴转速	r/min	14~40
水泥浆输送泵最大流量	L/min	651
水泥浆输送泵额定流量	L/min	466
水泥浆输送泵最大压力	MPa	1.6
水泥浆输送泵额定压力	MPa	0.8
水灰密度	g/cm³	0.9
泥层贯入速度	m/min	1~0.3
砂层或全风化岩层贯入速度	m/min	0.3
底部黏土及沙层搅拌速度	m/min	1
喷浆提升速度	m/min	0.38
垂直度	%	≤1

3.1.3 应用效果

锚碇锁扣钢管桩围堰技术和土工管袋围堰技术将施工环境由水上转化为陆上施工,降低了大型水上设备的施工频率和施工组织难度,提高了施工作业安全性,同时也避免了作业船舶产生的油污和废气对中华白海豚保护区的污染,有效解决了离岸深水海中锚碇施工的环境保护难题。

在确保施工安全和结构选型条件适宜的情况下,深中通道西锚碇采用土工管袋围堰,相较于其他围堰形式,可有效降低清淤工作量,减少水体扰动,主体工程完工后易于拆除,材料回用率高;水上地基处理选用DCM法加固软土,与传统的打桩、置换相比,能够大幅提升作业效率和施工精度,水下施工水平精度可达0.1m,垂直精度可达0.1°,有效降低对船舶自身与周围水体的扰动,且船舶配备的两级防污帘系统在施工时下放,可避免施工搅拌产生的污水泄漏,降低施工对海域环境的影响。

东锚碇采用锁扣钢管桩围堰技术,避免了大幅开挖地基土体,与抛石筑岛方案相比,具有施工效率高、施工技术难度低、投入设备少、环境影响小及工后易于清除的优点;工程历时45d实现围堰精准合龙,锁扣钢管桩施沉精度均满足"平面位置不大于5cm,垂直度不大于1/400"要求;平行钢丝锁围堰结构较常规刚性围箍,受力更优、成本更低、施工更高效;采用先施工塑料排水板,再吹填固结的施工思路,对比常规筑岛方法,软土持续改良,有效缩短了等待时间;通过研制应用液压夹钳"骑跨式"沉桩导向定位装置,改变了传统焊接固结方式,将导向架移位、固定、精确调位时间由常规的3h缩短为10min;通过优化施工全过程有效实现了在复杂地质条件下快速、稳定筑岛。

锁扣钢管桩围堰技术和土工管袋围堰技术具有显著的经济效益和环保效益,完善了我国开阔水域悬索桥基础施工工艺,后续可根据适用性推广应用于环保要求较高的水上人工岛或建筑建造、桥梁基础结构施工等,为其他类似工程提供借鉴和参考。

3.2 智慧梁场

3.2.1 技术背景

我国桥梁建设以混凝土结构为主,其上部结构大多采用预制拼装施工。目前国家对预制场提出了"工厂化生产、智能化应用、信息化管理"要求,越来越多的预制梁场利用智能设备与BIM信息化管理手段,以实现施工效率、精度、安全的同步优化,为促进预制梁场智慧化奠定了基础。然而,现有传统预制梁场施工中存在时效性差、智能化技术应用覆盖面小、可视化及智能化水平低等问题[31],生产效率、施工质量和安全性难以保障。

深中通道预制梁场位于中山市马鞍岛,濒临珠江口海域,台风多发,热带高强度气旋主要集中在每年6至10月,气候条件复杂;梁场承担全线160片60m混凝土箱梁和636片40m混凝土小箱梁的预制工作,箱梁混凝土总量约21万 m^3,钢材近4.7万t,单片箱梁最重达3200t,有"世界梁王"的称号,具有预制工程量大、种类多、吨位重、移运架设难度大等特点;同时各标段存在作业交叉、衔接问题,施工组织难度大;总体来说,深中通道预制梁场工程质量与效率面临全新的难题与挑战。

为此,深中通道突破传统预制梁场生产格局,聚焦箱梁模板、钢筋加工安装、混凝土生产运输、浇筑、养护、智能张拉压浆、存梁、移梁全过程的信息化、智能化预制技术研究,以提升混凝土箱梁预制品质,形成了全过程、全方位预制梁场智慧化技术,为后续智慧梁场建设提供参考和借鉴。

3.2.2 关键技术

3.2.2.1 技术概要

深中通道智慧梁场以"生产过程可视化、施工流程标准化、业务管理数字化、生产设备智能化、管理决策智慧化"为建设目标,将智能化设备应用贯穿预制全过程,包括钢筋自动化加工、自动化液压模板、混凝土智能浇筑和振捣、智能整平提浆、大型箱梁智能移梁、梁体智能养护、预应力智能张拉、管道智能压浆等,通过应用智能化生产设备实现自动化作业。同时以 BIM 三维模型为基础,开发智慧管理平台,利用物联网+互联网通信技术集成智能设备系统、智能传感器、视频监控系统、人员和设备管理系统等,自动采集施工过程生产要素信息,实现整个梁场各功能模块管理的自动化、信息化。深中通道智慧梁场智能应用功能见图3.2-1。

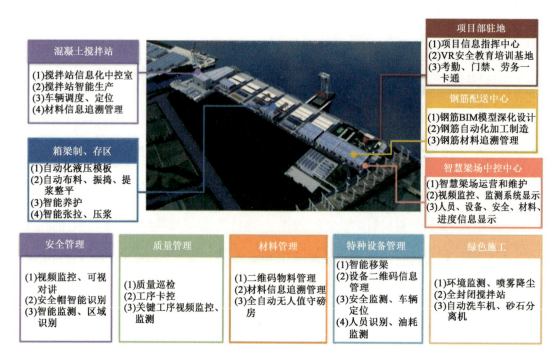

图 3.2-1 深中通道智慧梁场智能应用功能

预制梁场总占地约 234 亩❶,主要划分为混凝土搅拌站、钢筋加工中心、钢筋绑扎中心、箱梁制存梁区、出海码头、项目部驻地、作业队生活区和钢结构工厂及材料堆场,分阶段负责承担 40m 小箱梁和 60m 整孔箱梁的预制。其中,40m 小箱梁预制采用 120t-62m 门式起重机辅助施工,共布置预制台座 16 个、内膜检修台座 8 个、钢筋绑扎台座 8 个及存梁台座 56 个;60m 整孔箱梁预制应用 120t-62m 门式起重机安装钢筋,共布置 60m 整孔箱梁预制台座 6 个、内膜检修

---

❶ 1 亩 = 666.67 平方米(m²)。

台位3个、底腹板和顶板钢筋绑扎台位5个、存梁台座16个,存梁台座临近海侧,采用纵横移台车进行移运。

3.2.2.2 工艺流程

箱梁预制施工流程见图3.2-2,主要包括钢筋加工与绑扎、模板安装调试、混凝土拌和、混凝土浇筑、智能养护、智能张拉与压浆、移运与架设等环节[32-33]。

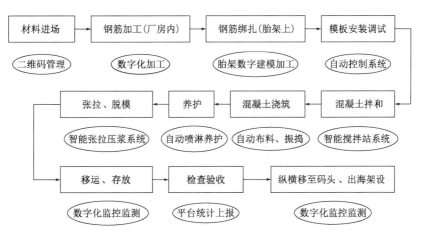

图3.2-2 箱梁预制施工流程图

(1)钢筋加工与绑扎:向加工中心发送需求订单,经加工中心翻样,确定产品参数信息,随后进行计划排产,生成待加工的生产数据,将数据通过服务器传输至加工设备,实现钢筋自动加工,同步向加工中心反馈加工结果;加工完成后,借助二维码和掌上电脑(PDA)扫码技术,实现半成品精准入库。钢筋半成品通过平板车运到钢筋绑扎台座,再进行绑扎。箱梁钢筋分为梁体底腹板钢筋和桥面板钢筋,分别在绑扎胎模上进行绑扎,直径不小于25mm的钢筋均采用机械直螺纹套筒连接。箱梁钢筋绑扎完成后,利用预制场120t龙门式起重机配合钢筋吊架整体吊运至胎座。

(2)模板安装调试:外模通过控制液压系统及走行电机进行自动安装,内模通过采用液压系统和走行台车进行模板就位,模板安装过程通过侧模桁架配置的激光测距传感器、水平倾角传感器、拉绳位移传感器、PLC控制模块等智能化模块实现内外模的自动识别调整。

(3)混凝土拌和:混凝土集中拌和在全封闭式搅拌站中进行,混凝土成品由运输车运至制梁区。搅拌站内设置中控室,通过采用 ERP 管理系统对材料进场、生产、运输、试验、视频监控进行全流程管控,及时解决过程中存在的问题。

(4)混凝土浇筑:预制箱梁采用地泵布料机浇筑,40m 小箱梁施工采用 2 台 21m 半径的布料机浇筑,60m 整孔箱梁施工采用 4 台 21m 半径的布料机;箱梁混凝土浇筑时腹板部分采用附着式高频振动器配合振捣棒进行振捣,顶板混凝土振捣采用桥面振捣车进行。60m 整孔箱梁顶板宽度为 20~24m,为保证收浆整平质量,采用整体式自动整平提浆机进行收浆整平。

(5)智能养护:混凝土预制梁浇筑完成后,为防止混凝土表面干裂变形,采用混凝土智能养护系统,通过实时采集预制梁温度与湿度数据,并根据水化热释放规律自动完成养护。

(6)智能张拉 + 压浆:箱梁在经历自动喷淋养护和自动脱模后,分别采用智能化张拉设备和智能循环压浆系统进行箱梁预应力张拉和压浆。同时使用无线传输技术以及物联网技术自动采集系统数据,通过无线网络实时传输至智慧梁场管理平台,实现张拉、压浆施工信息自动记录,施工过程实时监督。

(7)移运与架设:40m 箱梁采用 2 台 120t 龙门式起重机移运。60m 箱梁通过横移台车起顶箱梁,在横移台座上横移至存梁台座上存放,箱梁出海通过横移台车横移至位于纵移滑道的纵移台车上,由纵移台车将 60m 箱梁连带横移台车一并运至出海码头,横移台车载 60m 箱梁下纵移台车,经出海码头栈桥横移至出海口,经自主研制的"天一号"运架一体船提运出海,并独立完成梁体架设任务。

3.2.2.3 施工方法

(1)钢筋加工与绑扎。

钢筋加工前应用 Planbar 软件构建钢筋三维模型,将模型导入 Navisworks 系统中,根据钢筋长度进行钢筋深化设计,通过碰撞检查和工艺模拟,优化钢筋绑扎模型;开发钢筋数据接口,导出钢筋翻样单,传输至钢筋加工管理系统,存入数据库;为提高棒材利用率,对棒材钢筋套料进行优化设计,形成钢筋加工信息,采用订单管理模式,通过优化加工次序,根据钢筋加工信息生成二维码钢筋加工单,发至加工人员;加工人员使用移动端扫描二维码加工单,经钢筋参数核对无误后采用智能加工设备进行钢筋自动加工。加工过程采用二维码或 RFID 作为产品的唯一标识,可精准查找产品,实现钢筋有序高效加工和对产品质量全过程把控。

钢筋绑扎时,在胎模具外侧底边设置角钢支挡,以支撑横向筋的弯钩及腹板箍筋,确保底板纵横向钢筋的位置、间距准确;在模板两侧底部、中部、顶部均设置角钢靠模,并在靠近腹板一侧切出槽口,绑扎时通过将钢筋对应入槽,实现腹板箍筋倾斜度、垂直度的精准控制,具体见图 3.2-3。

图 3.2-3 钢筋绑扎胎模

(2)全自动液压整体式模板。

预制 40m 小箱梁及 60m 整孔箱梁外模均采用液压整体式钢模板,全自动液压整体式模板主要由外模及外模台车、内模及内模支架、端模、底模、液压系统和智能控制系统组成,见图 3.2-4。钢面板采用组合不锈钢板制作,背肋桁架采用型钢制作。模板底部设置钢轨和走形电机、滑轮,实现模板智能化移动,外模配置附着式振动器,确保后续箱梁混凝土振捣密实。模板安装时采用龙门吊分块按序移至制梁台座,拼装成整体,内外模采用 PLC 模块控制液压自动控制系统和红外测温测距系统,通过四个纵移台车进行整体精准滑移就位，模板纵移在预铺的钢轨上进行，横移通过水平液压油顶实现，整体升降通过竖向液压油缸实现。液压整体式外模构造见图3.2-5。

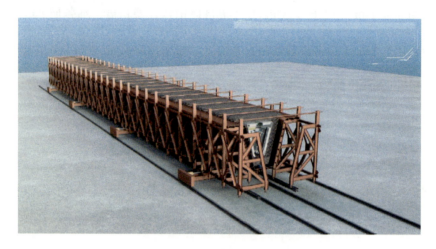

图3.2-4　全自动液压整体式模板模具全景展示图

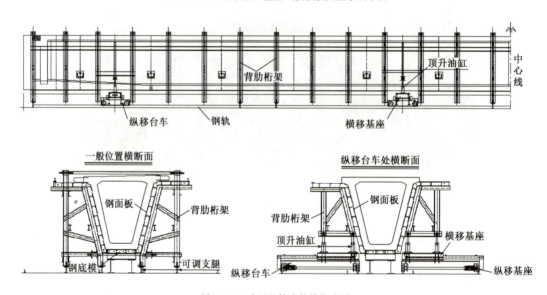

图3.2-5　液压整体式外模构造图

（3）智能化混凝土输送中心。

深中通道设有智能化环保搅拌站（图3.2-6），通过搅拌站智能系统（图3.2-7）实时接收下达的各项生产任务和配合比，根据要求进行砂石料、水泥、外加剂和水自动掺配，集料计量精度控制在±2%以内，水泥、外加剂和水的计量精度控制在±1%以内。混凝土成品运输至指定工点后，通过管理人员签收系统生成的二维码发货单完成签收方量及剩退方量记录，系统可根据剩退料量进行转派或清理。生产过程通过报表或图表方式,自动生成生产台账、报表,实时掌握生产情况。

图 3.2-6 智能化全封闭环保搅拌站

图 3.2-7 搅拌站智能系统

(4)混凝土浇筑与养护。

布料机根据施工方案确定浇筑顺序及下料点位置,并计算下料点单次混凝土浇筑方量;将浇筑程序及参数包括对应浇筑点的布料机转角、料管高度、浇筑方量等参数预先录入 PLC 自动下料程序中,混凝土浇筑时,PLC 系统根据预先设定的参数自动化实施浇筑,并通过实时检测反馈泵管内输出混凝土方量自动停止或开启泵送,控制布料机精准转移,实现各点位逐一有序浇筑。

箱梁腹板部分混凝土浇筑时，采用附着式高频振动器配合振捣棒进行振捣，根据振动能力及影响范围确定附着式振动器的纵向及竖向布置间距，通过控制台可独立控制每个振动器的启闭。

桥面混凝土浇筑完成后及时采用土工布或麻袋覆盖至梁底，保持湿度和温度；在对梁体进行洒水养护的同时，应对随梁养护的混凝土试件进行洒水养护，使试件与梁体混凝土强度同步增长；智能喷淋系统集成至智慧梁场管理平台，通过混凝土养生远程自动化控制，记录、查询混凝土的养护状态、温湿度趋势、历史喷淋数据等，实现自动化智能化现场管理；在现场布设传感器，对混凝土温度实时监控，保证混凝土自动喷淋系统效果，实现智能现场管理。

（5）平台信息化管理[34]。

智慧梁场管理平台（图3.2-8）遵循"统一规划、统一平台、统一数据"的原则，以4D-BIM和BIM-FIM技术为核心，接入了钢筋加工、混凝土智能控制和监控监测"三大系统"，可实时掌握三大系统运行情况，并集中实现BIM模型应用、预制生产数字化管理、场地动态管理、人员管理、物料管理、设备管理、质量安全管理、档案管理、绿色工程管理等操作。该平台可在客户端、网页端、微信小程序三端协同工作，满足不同应用场景的使用需求。

4D资源管理包括人员管理、材料管理和机械管理三大模块，是整个项目管理重要的基础数据，与门禁系统、任务管理、工效分析等其他功能模块链接，为智慧梁场提供坚实的数据基础。4D-BIM梁场管理主要包括预制梁生产计划、台座使用情况以及预制梁生产进度三个部分。基于梁场模型并按照实际情况布置各种台座，用户使用手机端，可对梁的生产工序和台座占用情况进行填报。系统通过汇总每片梁的生产情况及每个台座的占用情况，在模型上直观显示整个梁场的生产进度。每片梁的制作和架设情况会在整体生产计划中反映，系统可分析梁场当前生产情况能否满足施工要求。

图 3.2-8　智慧梁场协同管理平台界面

3.2.2.4　技术参数

为保证钢筋加工质量,确保箱梁结构稳定,抽取30%钢筋加工半成品进行质量检验,未达到标准则作废处理,通过设计和施工总结形成钢筋加工质量标准(表3.2-1);为保证箱梁浇筑质量,总结形成模板安装质量标准(表3.2-2),为其他类似工程提供参考。

钢筋加工质量标准　　　　　　　　　　　　　　　　　　　　　表 3.2-1

施工环节	检查项目	允许偏差(mm)	监测方法
钢筋加工	受力钢筋顺长度方向加工后的全长	±10	尺量
	弯起钢筋各部分尺寸	±20	
	箍筋、螺旋筋各部分尺寸	±5	

模板安装质量标准　　　　　　　　　　　　　　　　　　　　　表 3.2-2

项目		允许偏差(mm)
模板高程	梁	±10
模板尺寸	上部结构的所有构件	+5,-0
轴线偏位	梁	10

续上表

项目	允许偏差(mm)
模板相邻两板表面高低差	2
模板表面平整	5
预埋件中心线位置	3
预留孔洞中心线位置	10
预留孔洞截面内部尺寸	+10,-0

3.2.3 应用效果

深中通道集成智慧梁场管理平台、钢筋自动化数控加工生产线、混凝土智能搅拌生产线、智能化喷淋养护系统等,组建智慧梁场,通过生产线设备智能化、工序卡控智能化、施工管理精细化,实现大规模工厂化生产,发挥集约优势,有效解决了大体积混凝土箱梁的预制难题,实现实体钢筋保护层厚度合格率及实体混凝土强度检测合格率均达到100%,钢筋加工效率提高40%,合格率达100%,生产全过程较传统工艺效率提高25%,材料损耗率降低3%,劳务人员投入减少28%,作业工时平均降低40%。

对比传统梁场,深中通道智慧梁场通过应用智能化、信息化技术,有效缩短了工序衔接时间,模板类可周转材料得到了高效利用,充分践行了绿色化资源集约理念,降低了对周边环境的影响。经综合测算,人工及机械费用节约10202元/片,实现了工程质量、效率与经济的同步提升。智慧梁场可推广应用于其他交通基础设施混凝土箱梁预制,特别是大体积箱梁,对打造高品质交通工程具有重大意义。

3.3 钢筋部品化施工

3.3.1 技术背景

桥塔钢筋施工属于劳动密集型作业,技术要求低,目前一些工程如鸭池河大桥、南沙大桥等对常规钢筋散装节段安装方式进行改进创新,应用钢筋模块化技术,施工效率大幅提升,但自动化程度不高,仍然需要大量人工绑扎。目前工业化钢筋生产成型工艺并不成熟,亟待研发更加高效、安全的钢筋生产、拼装智能化技术。

深中通道深中大桥为主跨1666m的双塔全飘浮整体钢箱梁悬索桥,东塔采用C55混凝土门式桥塔,塔高270m,设3道横梁。除索塔中横梁和上横梁为预应力混凝土构件外,其余塔柱均为普通钢筋混凝土结构,钢筋用量高达7400t,桥塔钢筋绑扎安装作业量大,作业时间长。同时,施工现场距离营地15km,需穿越4个繁忙航道,安全风险高,施工期台风频繁,给索塔钢筋施工带来了诸多挑战。

深中通道结合现场实际情况,开展基于网片弯折成型的超高变截面索塔钢筋部品机械化、装配化应用技术研究,研发了国内首条钢筋柔性网片生产线,实现了大型、复杂钢筋网片工厂化制作,提高了塔柱施工的工厂化、装配化水平。

3.3.2 施工工艺

3.3.2.1 技术概要

深中通道创新研发了"塔柱钢筋网片工厂智能弯折、现场胎架法组拼成整体"钢筋部品化施工技术,对深中大桥高程+25.0m以上共有不同截面的钢筋部品塔柱的82个节段进行部品化施工。塔柱钢筋在钢筋集中配送中心加工成网片,利用船舶运输至现场拼装胎架,组装成钢筋部品,通过钢筋笼调位系统实现塔柱钢筋安装定位。

3.3.2.2 工艺流程

钢筋部品快速装配化施工工艺见图3.3-1,分为钢筋厂内生产、现场组装及钢筋部品整体安装3个阶段[35]。

(1)钢筋厂内钢筋部品柔性网片制造:根据生产需要在棒材钢筋剪切生产线对箍筋进行快速定尺、裁切,并完成钢筋全自动对焊。根据加工参数,通过伺服驱动定位槽实现自动移动,将箍筋平面一次弯折至所需角度并固定,再通过 4 台立体折弯机进行二次立体弯折,形成立体钢筋部品网片。

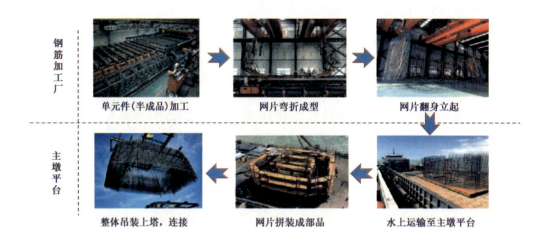

图 3.3-1　钢筋部品快速装配化施工工艺

(2)现场组装成型:钢筋网片通过平板车运输至现场,采用履带吊将网片由内侧向外侧分片吊入拼装胎架,完成网片对接,并穿插拉钩筋。通过主筋定位装置完成钢筋精准定位与拼装。

(3)钢筋部品整体安装:经两次试吊,在确保吊点受力均匀、钢筋部品重心与吊心处于同一竖直线、检查各部件设备无异常后,采用塔式起重机将节段钢筋部品吊出胎架;吊装至塔顶后,通过引导对接装置进行精准定位,并下放钢筋部品,利用锥形套筒实现上下节段钢筋部品快速对接。

3.3.2.3　施工方法

(1)网片吊装。

在网片吊装过程中需注意吊装顺序,先吊装外侧 2 层钢筋的内层网片,待钢筋部品网片对接后,再吊装外侧 2 层钢筋的最外层网片;最后吊装内侧网片。为便于网片安装,保证钢筋部品网片拼装的便捷性及准确性,在胎架内、外侧均设置临时定位装置。深中大桥东主塔柔性钢筋网片吊装见图3.3-2。

图3.3-2　深中大桥东主塔柔性钢筋网片吊装

在2片钢筋部品网片吊装对接成笼时,79m节段以下环向水平箍筋错头在同一断面,采用水平筋搭接接长。

(2)主塔钢筋部品拼装。

由于桥塔塔肢倾斜,钢筋部品网片在拼装定位时一侧受拉、一侧受压。为保证钢筋部品拼装姿态及吊装过程不受影响,在受压面均匀布置梳齿钢板,采用螺栓与支架连接,并通过调节伸缩梳齿钢板位置调整钢筋部品网片顶口上部的相对位置;受拉面采用旋转吊钩进行定位,吊钩与槽钢进行焊接,槽钢与支架平台进行拴接,以保证顶口钢筋部品网片拼装准确性,现场部品拼装施工见图3.3-3。

图3.3-3　钢筋部品现场拼装

(3) 节段吊装。

为使上下两节段钢筋部品快速对接,通过在各面中点及角点设置的引导对接装置实现初定位,下放钢筋部品,后进行位置复测,若有偏差可采用葫芦进行微调整。精准调位后,将钢筋部品内外层各面布置的锥套连接,后采用锥形挤压锁紧接头对接主筋,利用液压钳和小型超高压液压泵站以"先内层后外层"的方式挤压接头,实现主筋对接,补充连接段位置的水平筋与拉钩筋,完成整个钢筋部品化安装。

3.3.3 应用效果

将桥塔钢筋网片工业化生产、钢筋部品快速拼装成型、整体节段高空吊装对接等成功运用到深中大桥塔柱施工中,有力解决了桥梁建造行业目前存在的劳动力短缺、作业条件差、功效低、安全性差等问题,实现了"机械化减人、智能化换人"目标。

钢筋网片柔性制造生产线采用钢筋网片成型自动化生产流程,生产效率较传统施工工艺大幅提升,现场人员投入减少50%,实现了钢筋网片工业化制造毫米级精度,箍筋布料精度控制在±2mm内,主筋布料精度控制在±2.5mm内,推进钢筋网片智能工业化生产提质增效。

通过智能化手段进行节段钢筋部品现场拼装成型、整体吊装对接,实现单节钢筋作业时间缩短至1d,比传统工艺节省工期2~3d;钢筋高空作业工人仅需8名,比传统工艺减少作业人员60%~70%;有效保证塔柱钢筋间距合格率达99%以上,钢筋保护层厚度合格率达到100%,实现提质增效,保障了施工人员的安全,通过缩短施工周期在一定程度上降低了对周边海域水环境的影响,提升了塔柱施工的绿色化、工厂化、装配化水平。深中通道塔柱钢筋部品化施工技术也可以拓展应用于中大型墩身和节段梁钢筋部品的施工制作,为未来桥梁工程智慧化建设奠定基础。

3.4 一体化智能筑塔机

3.4.1 技术背景

混凝土桥塔广泛应用于大跨径斜拉桥、悬索桥中,因其体量大、结构特殊,目前普遍采用液压爬模、提模、滑模等原位施工方式建造,如苏通长江大桥、沪通长江大桥等。将现有三种施工技术进行对比,发现应用最为广泛的液压爬模法虽然操作简便、爬升安全平稳、速度快、模板定位精度高,但遮蔽条件较差,导致混凝土浇筑、养护等施工条件一般,难以满足工厂化条件;滑模法存在施工控制复杂、易污染、外观质量不佳、施工强度及管理难度较大等问题;提模法存在施工效率低等缺点。

深中大桥东索塔共需浇筑混凝土约 5 万 m^3,混凝土浇筑、养护作业量大,施工区域属南亚热带海洋性季风气候区,台风频发,混凝土养护条件差,结构外形及外观质量控制难度大[36]。面对外海超高空复杂建设环境、混凝土浇筑作业量大等难题,传统工艺难以满足建设需求,亟需提出一种适用于复杂环境条件的新型混凝土桥塔建造技术。

为此,深中通道在传统工艺液压爬模的基础上,基于塔柱施工移动式工厂的建设理念,世界上首次研制出集混凝土智能浇筑与振捣、智能养护、部品调位、自动爬升及实时监控等多功能于一体的智能筑塔机,并应用于工程上,通过构建桥塔竖向移动工厂,与塔下混凝土、钢筋两大工厂协同(图 3.4-1),实现从原材料到半成品再到成品的工厂化施工,形成了全过程工厂化作业条件,提升桥塔建造品质、效率和安全。

3.4.2 施工工艺

3.4.2.1 技术概要

一体化智能筑塔机采用架体结构,高 25.2m,沿架体高度分别设有作业、养护、修复平台;

每台造塔机顶层设置了两台自动化布料机,混凝土通过泵管输送到塔顶后,可通过布料机实现混凝土连续、快速浇筑;搭载智能养护系统,采用蒸汽养生等措施,使桥塔现场混凝土养护达到厂内标准化养护水平。该技术应用于深中大桥东索塔塔柱 6～48 号节段混凝土浇筑与养护,见图 3.4-2。

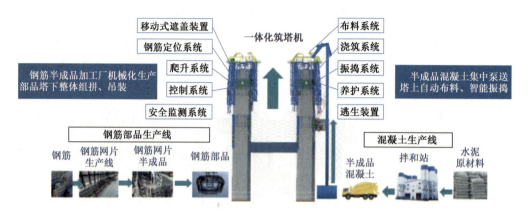

图 3.4-1 竖向移动工厂混凝土桥塔工业化建造示意图

图 3.4-2 深中大桥东索塔一体化筑塔机施工

3.4.2.2 工艺流程

一体化智能筑塔机主要由架体承载平台、爬升系统、布料系统、养护系统与监测监控系统等组成[35]。索塔塔柱起始段浇筑完成后,开始采用一体化智能筑塔机进行正常浇

3 深海绿色桥梁建设关键技术

筑。以浇筑第 9 号节段混凝土为例(图 3.4-3),提升内腔支架,采用塔式起重机吊装、对接第 9 号钢筋部品;筑塔机架体通过轨道爬升一个节段,架体底部爬升到第 5 号节段,拆除第 4 号节段轨道并用塔式起重机吊装至第 9 号节段,提升模板至第 9 号节段安装轨道预埋件,进行第 9 号节段混凝土浇筑,安装第 8 号节段养护系统,进行第 8 号节段养护,后续节段以此类推,施工至塔柱封顶。

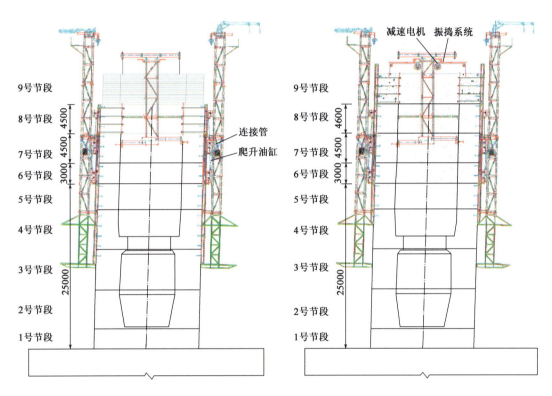

图 3.4-3　东索塔塔柱第 9 号节段筑塔机混凝土浇筑(尺寸单位:mm)

3.4.2.3　施工方法

(1)爬升系统:为确保结构受力安全,每个爬箱上设置上、下两层挂爪交替受力,并针对大倾角塔身施工特点,设置调整机构,实现灵活爬升。

(2)布料系统:布料系统布置见图 3.4-4。布料平台为布料作业人员提供操作走道,同时为浇筑混凝土作业提供遮盖平台,避免新浇混凝土受日晒、风尘和降雨等影响,为浇筑过程提供良好的作业环境。布料机通过智能化控制系统实现自动对称下料,布料杆工作幅度为 16m,

可满足塔柱全断面布料需求;浇筑过程中混凝土自由落体高度过大会影响浇筑质量,因此设置辅助布料窜筒,根据浇筑高度调整窜筒长度,实时控制混凝土自由落体高度在2m以内。混凝土通过自动辅助振捣系统以快插慢拔方式实现分层振捣,分层高度控制在30～40cm,振捣上层混凝土时要插入下层混凝土5cm以上,密切关注振捣情况,以混凝土泛浆、不再冒出气泡为标准判断振捣是否密实,避免混凝土表面出现蜂窝等缺陷。

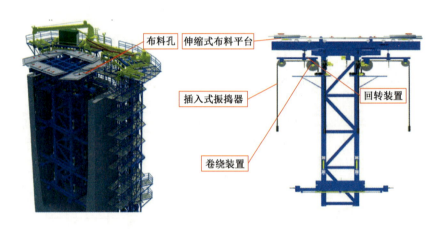

图3.4-4 布料系统布置图

(3)养护系统:为避免浇筑后混凝土开裂,需及时进行养护。养护系统由封闭围护幕布系统和热雾养护系统组成,新浇混凝土在封闭的工厂化建造空间内利用热雾实现每天24h不间断的3d带模养护和4d蒸汽养护,有效隔绝外界气候变化,确保养护期间混凝土表面始终处于湿润状态。封闭围护幕布系统采用防火保温材质,保障施工安全。养护过程配备专人负责,实时监督养护实施情况,确保混凝土养护质量。

(4)监测监控系统:智能信息化系统包括本地集中监控系统和远程集中监控系统,其中本地集中监控系统主要用于液压系统控制、视频监控、应力检测、混凝土振捣养护,以及角度、火灾、风速等关键参数测量;通过构建本地集中控制+远程监控桥塔施工实时动态监控系统,可实现24h实时对人员和设备安全进行监测并自动报警,全方位保障索塔施工安全。

3.4.3 应用效果

深中通道深中大桥东索塔混凝土施工采用自主研制的多功能一体化智能筑塔机技术,在复杂的作业环境下,相比液压爬模,展现出了更高的抗风稳定性、承载能力和安全性,塔柱施工效率提升了0.4m/d,作业人数减少了25%,大幅提高了工作效率、降低了劳动成本(表3.4-1)。筑塔机具备的遮盖平台和封闭围护幕布系统,为混凝土浇筑和养护过程提供了良好的条件,相较于传统技术,养护时间更长,确保了混凝土施工质量;采用自动翻转挂爪的设计及大行程爬升油缸,提升了爬升效率;同时引入液压控制及监控系统,提升了爬升各单元的同步性及安全性。

一体化筑塔机与传统工艺性能对比表 表3.4-1

技术性能	一体化筑塔机	液压爬模
塔柱施工工效	1.2m/d	0.8m/d
养护时间	带模养护时间+节段施工时间(热雾)	带模养护时间
现场作业人数	18人	24人

基于深中大桥特殊的作业环境和工程需求研制的一体化智能筑塔机技术应用范围广,可推广应用于复杂环境的混凝土桥塔建造,为打造智能化品质工程提供技术支撑。

3.5 海上大桥施工猫道

3.5.1 技术背景

大桥猫道是悬索桥施工时架设在主缆之下、平行于主缆的线形临时施工便道,是悬索桥上部结构作业的高空施工平台,为主缆索股牵引、索股调整、主缆紧固、索夹和吊索安装、钢箱梁吊装、主缆缠丝防护以及除湿系统等提供施工平台和人行通道,又被称为悬空的"生命线",目前已成功应用于我国仙新路长江大桥[37]、宜都长江大桥、棋盘洲长江公路大桥、润扬长江大桥等。

深中通道深中大桥为世界最大跨径三跨吊全漂浮体系悬索桥,位于海中央,海况环境复杂,台风、降雨频发。深中大桥猫道最高点距离海面270m,最低点105m,为当今世界海中最高猫道。猫道贯穿桥上部结构施工全过程,其结构稳定性、抗风性面临前所未有的挑战。此外,工人需要在平均高度为60层楼高的海面上持续作业,对施工安全带来极大挑战。

为深入贯彻资源集约理念,深中通道租用其他工程猫道,根据深中大桥建设需求及环境特点,开展了风洞试验,实现方案优化升级,以提升猫道的抗风性能,满足猫道长度及强度需求,确保深中大桥上部结构顺利施工,保障施工安全。

3.5.2 施工工艺

3.5.2.1 技术概要

深中大桥左右幅主缆下方各设一条猫道(图3.5-1),将大桥东西两岸主塔相连,承重索采用三跨连续结构,跨径为580m+1666m+580m。单侧猫道宽4.1m,其面网由两层镀锌钢丝网构成,单侧面网长度约3000m。两幅猫道之间设置17个横向通道,将猫道连接成整体。

图3.5-1 海中大桥施工猫道

3.5.2.2 设计原则

猫道架设和安拆难度大,使用过程中需进行反复调整。为保证猫道的稳定性,结构设计应遵循以下原则:

(1)猫道结构设计应满足结构静力安全要求和具有良好的抗风性能。

(2)针对主跨跨度超过1500m的悬索桥,设计时应尽量减小猫道自重和阻风面积,从而降低架设难度,提升透风性能,节省造价。

(3)为给主缆架设、紧缆、缠丝等施工预留作业空间,在不影响桥其他部位的前提下,猫道线形应与主缆空缆线形一致,并保持一定间距。

(4)充分考虑主缆架设抑振装置对猫道结构的附加影响。

(5)为便于安拆,应设置相应调节系统。

3.5.2.3 施工方法

猫道架设时,首先在地面将猫道面层的防滑木条、面层网等各种材料按设计绑扎好,再由塔式起重机吊至猫道承重索上铺设,最后安装栏杆扶手及侧网形成猫道。猫道架设及拆除施工步骤[38]如图3.5-2所示,具体包括以下内容:

(1)旧绳检测:猫道承重索是猫道的主要受力构件,由于深中通道所有猫道承重索均采用其他工地使用过镀锌钢丝绳,钢丝绳用量极大,为确保用于本工程的每一根猫道承重索的质量都满足设计要求,消除对旧绳再利用的安全顾虑,对旧绳进行外观检查、无损检测及力学性能试验。

(2)承重索架设:边跨托架承重索架设过程中,每隔100m设一个双环吊具,防止绳索影响航道通航。

(3)线形监测及调整:在猫道架设的各个阶段,要对猫道线形进行监测,每个阶段线形要与设计线形进行比对,线形相差较大时及时调整。尤其是猫道面层施工完成后,猫道线形往往偏高(猫道面层材料理论质量往往比实际质量高),此时需及时进行调整,确保索股架设顺利开展。

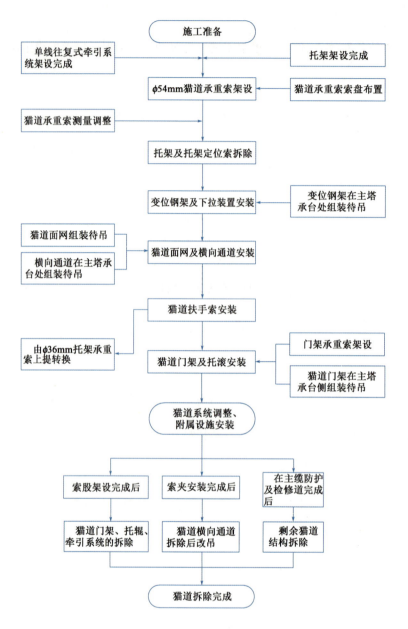

图 3.5-2 猫道架设及拆除流程图

由于猫道钢丝绳与主缆索股弹性模量的差异,猫道与主缆线形并不完全平行,尤其在主跨靠塔侧 1/4 跨处猫道与主缆净距往往偏小,首根基准索股容易与猫道接触导致无法进行垂度调整,同时也影响后续紧缆机紧缆,深中通道采取降低塔顶转索鞍高度及设置下拉装置实现猫道的线形调整。

(4)施工安全防护措施:深中通道采用从塔顶向低处分段拖移的方法逐步安装面网,并强化安全防护,提前开展防高坠演练和安全交底,确保工人作业安全。大桥下方为伶仃洋主航道,通过猫道重要构件增加保险销、加装安全绳等措施建立双重保险,实现猫道施工和船舶通航并行不悖。

3.5.2.4 技术参数

猫道架设过程中应严格控制塔顶变形,根据设计及监控要求总结形成塔顶变形控制标准,见表3.5-1。

猫道架设过程塔顶变形控制标准(cm)　　表3.5-1

施工阶段	桥塔允许水平偏位	桥塔允许扭转偏位
架设调整过程中	±20	±3
架设调整完成后	±5	±2

3.5.3 应用效果

深中通道租用其他工程使用的猫道,降低工程造价,实现临时设施重复利用,提高资源利用率。通过应用改造升级的猫道,将水上施工变为陆地施工,保障施工人员安全,显著提高主缆索股牵引、钢箱梁吊装、主缆缠丝防护等施工效率,减少水上施工船舶对航道航运的干扰,有效降低施工船舶施工作业对海洋环境的污染和对中华白海豚的生境扰动。

3.6 海中大桥耐久性技术

3.6.1 技术背景

深中大桥桥位区台风频发,海洋大气环境为C5-M最高腐蚀等级,年最高气温高达38.9℃,年平均相对湿度在78%~80%之间,枯水期氯离子含量超过16000mg/L,为典型的高温高湿高盐环境,暴露在海洋环境中的钢筋混凝土构件,环境中的氯化物以水溶氯离子形式通过扩散、渗透和吸附等途径，从混凝土构件表面向混凝土内部迁移，在钢筋表面积聚浓度不断增加，达到诱发电化学过程的临界浓度后导致钢筋锈蚀，影响工程结构安全性及使用寿命。为强化全寿命周期设计理念，提升工程耐久性，设计初期充分考虑运营养护便利性，保障养护人员安全。因此，深中通道聚焦全线桥梁结构、混凝土部件开展多方位耐腐蚀技术研究，同时采用"可达、可维、可检"的可维护性设计，延长桥梁结构使用寿命。

3.6.2 主缆钢丝防腐

深中通道作为港珠澳大湾区的重大交通基础设施项目，主缆是主要承重构件之一，承受着较大的恒载和活载。在复杂海洋大气下，水和海盐粒子的积聚极易形成腐蚀电解液，其腐蚀能力极强。主缆钢丝在应力高峰及局部塑变区、缺陷和微裂处，腐蚀介质的存在加速裂纹扩展，在腐蚀疲劳断裂中，反复应力和腐蚀相互促进，加速开裂。随含碳量和强度增高，腐蚀疲劳开裂的敏感性也增大。

深中通道采用热镀锌溶液融合铝元素和混合稀土元素，提升镀层致密度和整体抗腐蚀能力，以 $\phi 6mm-2060MPa$ 超高强度钢丝为基础材料，应用高性能盘条控制、超高强度钢丝拉拔等技术，研发了锌铝多元合金镀层大直径高强主缆钢丝（图 3.6-1），全面提升主缆防腐耐久性。深中大桥主缆采用"Z型钢丝 + 缠包带 + 干燥空气除湿"防护方案[39]，主缆钢丝外面直接缠绕 Z 型钢丝，Z 型钢丝内部输送干燥空气，空气相对湿度不超过 40%。为保证 Z 型钢丝缠绕的密封性，以及 Z 型钢丝本身的防护要求，在 Z 型钢丝外面增加缠包带密封体系，提高主缆防护体系的密封性。

设立连续送干风的主缆内部除湿系统，在全桥多个进气索夹和排气索夹处分别布设温湿度仪，在进气索夹处布设压力变送器监测主缆除湿系统的送气压力，根据监测指标变化启动主缆除湿系统，通过连续送干风进行主缆内部湿气处理，改善主缆内部环境。

图 3.6-1 大直径高强锌铝多元合金镀层主缆钢丝

3.6.3 混凝土控裂与防腐

3.6.3.1 大体积混凝土抗裂

在桥面板预制与现浇混凝土界面处,由于收缩开裂等原因,易导致现浇混凝土与预制混凝土界面黏结出现力学失效或者耐久性失效,为外部侵蚀介质侵入桥面板内部造成有利条件。为提高大体积混凝土的耐久性,需要控制现浇混凝土的收缩量,使混凝土材料的断裂韧性与收缩量相匹配,防止预制板间后浇带出现顺桥向裂缝,防止现浇混凝土与预制混凝土发生界面力学破坏。

针对深中通道桥梁所处海洋环境主要特征,考虑荷载影响因素,系统提出大体积混凝土控裂措施,见表3.6-1。通过研究攻关研发了基于水化热速率和膨胀历程协同调控的低收缩、高抗裂海工混凝土材料制备技术,极大降低了海工大体积混凝土开裂风险。

大体积混凝土耐久性不仅涉及设计指标本身,施工过程中的灌注质量直接影响桩基础的耐久性,混凝土工作性能是保证索塔桩基混凝土灌注质量的重要前提条件,基于工作性能考虑,在《自密实混凝土应用技术规程》(JGJ/T 283—2012)配合比设计方法基础上,结合耐久性设计指标、施工方法及经济性,再结合《普通混凝土配合比设计规程》(JGJ 55—2011)进行配合比设计,填充性指标选取SF1,每$1m^3$混凝土中粗集料的体积为$0.35m^3$。

桥梁段大体积混凝土控裂措施　　　　　　　　　　　表 3.6-1

结构物	构件	所处环境	设计年限 100 年	
			基本措施	附加措施
深中大桥	钢箱梁	大气区	涂装体系+除湿系统	
	锚碇	大气区	合理确定保护层	硅烷浸渍
		浪溅区		高性能环氧钢筋
	锚碇基础	水变区、浪溅区	合理确定保护层	高性能环氧钢筋
		水下区		—
	过渡墩身	大气区	合理确定保护层	硅烷浸渍
		水变区、浪溅区		高性能环氧钢筋
		水下区		—
	过渡墩承台	水下区	合理确定保护层	—
	索塔	大气区	合理确定保护层	硅烷浸渍
	索塔基础	水下区	钢护筒	环氧粉末涂层
非通航孔桥	箱梁	大气区	合理确定保护层（混凝土）	热喷镀铝涂层(钢箱梁)+除湿系统;硅烷浸渍（混凝土）
	墩身	大气区	合理确定保护层	硅烷浸渍
		水变区、浪溅区		高性能环氧钢筋、硅烷浸渍
		水下区		—
	墩承台	水下区	合理确定保护层	—
	桩基	水下区	钢护筒	环氧粉末涂层

根据华南暴露试验站 12 年暴露龄期的海工高性能混凝土测试数据,粉煤灰、磨细矿渣粉等活性掺合料可显著延缓氯离子的侵蚀速度,提高海工高性能混凝土的抗氯离子渗透性,随着时间延长,混凝土趋于致密,氯离子在混凝土内部的迁移速度会不断降低。基于该研究理论,工程以氯离子扩散系数为核心控制指标,通过大比例掺入矿物掺合料和低水胶比降低氯离子扩散系数,形成高性能混凝土。根据工程所处的腐蚀环境、各构件的受力特点和使用年限要求,确定不同部位的钢筋最小保护层厚度。通过采用海工高性

能混凝土,并设定适宜保护层厚度,可确保混凝土结构耐久性寿命达到100年。

3.6.3.2 海工混凝土防腐

海水环境混凝土结构部位一般根据设计水位或天文潮位划分为大气区、浪溅区、水位变动区(水变区)和水下区。混凝土结构的耐久性与其所处环境关系密切,即便是配合比、保护层厚度等均相同的混凝土结构,由于所处海水环境不同,其腐蚀情况、破坏程度也会产生明显的差异。海水环境对混凝土结构划分的4个区域中,按照腐蚀严重情况排序为浪溅区>水变区>大气区>水下区。根据深中通道不同的结构形式,分别采取不同划分算法,以更准确反映混凝土的环境条件(表3.6-2)。经分析比较,人工岛按照无掩护条件下的港工设计水位算法划分;桥梁等结构按照无掩护条件下的天文潮划分。

深中通道主要混凝土构件环境划分 表3.6-2

环境分区	作用等级	工程部位
水下区、泥下区	Ⅲ-D	桩基、承台、主塔、桥墩、人工岛(基础、消浪块)
	Ⅲ-F	隧道外侧(含沉管段、暗埋段、敞开段)
浪溅区与水变区	Ⅲ-F	承台、主塔、桥墩、人工岛(消浪块)
大气区	Ⅲ-D	桥墩、主塔、桥梁及附属构件、岛上建筑
	Ⅲ-E	桥墩、主塔、桥梁及附属构件、岛上建筑、人工岛(混凝土围堰)、隧道内侧(含沉管段、暗埋段、敞开段)

注:大气区的环境作用等级中,Ⅲ-D用于轻度盐雾大气区(距平均水位15m高度以上的海上大气区),Ⅲ-E用于重度盐雾大气区(距平均水位15m高度以内的海上大气区)。

混凝土外加防腐措施可分为两大类。一类通过阻止或延缓氯离子渗入钢筋表面以保护钢筋,例如硅烷浸渍、混凝土涂层以及混凝土中掺加疏水化合孔栓物等;另一类通过提高钢筋原有的抗腐蚀性能使钢筋不锈蚀,如不锈钢钢筋、热浸镀锌钢筋、阴极保护以及环氧树脂涂层钢筋等。深中通道使用附加防腐蚀措施(表3.6-3)达到了延长结构物使用寿命、降低建造和维修费用的目的。

深中通道混凝土结构附加防腐蚀措施　　　　表3.6-3

腐蚀环境	预制构件	现浇构件
浪溅区/水变区	硅烷浸渍+环氧涂层钢筋	外层不锈钢钢筋
大气区	硅烷浸渍	硅烷浸渍

大气区的混凝土结构,附加防腐措施一般为混凝土表面涂层和硅烷浸渍。从经济成本考虑,硅烷浸渍的费用较低。同时,硅烷浸渍不改变混凝土表面颜色,涂层会随着时间推移产生颜色不均的现象。因此,大气区混凝土表面采用硅烷浸渍处理。

浪溅区和水变区的混凝土结构,采取设计使用寿命100年的高性能混凝土,并预留外加电流保护装置,以保证工程耐久性要求。预制混凝土构件,采用环氧涂层钢筋和硅烷浸渍联合保护以达到相同的耐久性提高效果;现浇混凝土构件外层钢筋采用铁素体不锈钢钢筋,在达到防腐蚀效果同时,降低防腐蚀成本。同时,安装相应的检测系统和预留外加电流保护装置,提高工程耐久性。水下区的混凝土结构,发生腐蚀风险最低,一般不需要采取附加防腐措施。

3.6.4　建管养一体化

深中通道的桥梁、主缆及主塔是重要构件,易老化松动或受环境腐蚀。针对这些重要构件设计检修方案,以提高深中通道检修工作的安全性和便利性。

3.6.4.1　桥梁检查车

为了便于深中通道桥梁的后期养护管理,梁内外均设置检查车。梁外为悬挂式桥梁检查车(图3.6-2),安装于梁底轨道处,通过梁底轨道移动方式实施检修,完成箱外检修作业,运行时可实现变轨跨墩,提高日常检测维修工作的便利性,闲置时可停泊于梁端一侧。

在梁内设有检查车(图3.6-3),在实施维修养护作业时从横隔板人洞中沿轨道穿过,充分利用箱梁内空间,提高养护性能。

3 深海绿色桥梁建设关键技术

图 3.6-2 梁外检查车作业与停泊

图 3.6-3 梁内检查车

3.6.4.2 主缆检修车

悬索桥主缆是桥梁主要承重构件之一,在高盐度、高温、高湿的恶劣海洋环境下易被腐蚀,需要进行定期防腐管理。为了便于开展养护工作,在悬索桥主缆处增设主缆检修车(图3.6-4),在实施养护工作时,检修车沿主缆行走,对主缆进行检修,提高主缆检修工作的安全性和便利性。

图 3.6-4　悬索桥主缆检修车

3.6.4.3　主塔检修设计

统筹考虑悬索桥主塔后期养护的需要,在深中大桥内部设有电梯井道(图 3.6-5),外部设有检修挂篮。为了便于主塔内部的检查与检测,电梯井道布设预留人孔、楼梯、爬梯及升降梯;主塔外部检修挂篮通过与主塔顶部相连接钢丝绳的滑动以调节吊台高度,提高主塔外部养护的灵活性和安全性。主塔塔冠设有观察台,可用于检修及观景等用途。

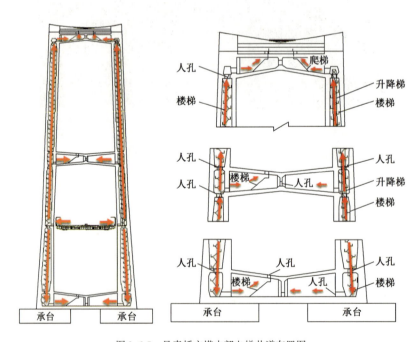

图 3.6-5　悬索桥主塔内部电梯井道布置图

3.6.5　应用效果

深中通道通过研发锌铝多元合金镀层大直径高强主缆钢丝,实现抗拉强度达 2060MPa,为当前应用于悬索桥的最高强度主缆钢丝,其寿命在热镀锌铝钢丝寿命基础上提高 50% 以上,降低运维成本,保障大桥运营安全性。

通过采用海工高性能混凝土,大幅降低了氯离子在混凝土中的迁移速度,延缓了混凝土内钢筋腐蚀,延长结构寿命,相比类似工程裂缝减少 50%。

通过建管养一体化设计,合理设置检修通道,做到可达、可检、可修、可换,提高了日常监测维修便利与安全,便于预防性养护和及时性养护,提高工程耐久性,延长公路使用寿命,保持公路良好状况和安全畅通,充分发挥公路网效能。

4 沉管隧道绿色建造关键技术

深中通道海中隧道全长6845m,其中沉管段长5035m,为世界首例双向8车道海底沉管隧道,设计使用年限100年。隧道起点(东侧接地点)亦即本工程起点与广深沿江高速二期工程(深圳侧连接线)对接;隧道终点在西人工岛岛头内与非通航孔桥连接。隧道下穿大铲水道、机场支航道,矾石水道,最小口门宽度为4930m。为适应"超宽、深埋、变宽"的建设条件及技术特点,创新采用钢壳混凝土组合新型沉管结构,具有承载能力大、防水性能好、断面高度低等优点。沉管隧道采用两孔一管廊管节钢壳混凝土沉管,沉管段管节数量为32个,其中标准管节 26×165m/7.6万t,非标准管节 6×123.8m/7万t。沉管隧道断面宽度达 $46 \sim 55.46$m,是世界上最宽的海底沉管隧道。沉管基槽开挖及浮运疏浚等过程充分考虑了疏浚减量化及疏浚土资源化综合利用。同时首次建设采用钢壳智能制造"四线一系统"、高稳健自密实混凝土智能浇筑新工艺、世界首制沉管浮运安装新装备、复合地基处理低环境影响等绿色建造技术以及智慧节能通风照明技术,形成了从设计、施工、运营全寿命周期的海底隧道绿色建造成套技术和建设经验,为新时期海底隧道绿色高质量发展贡献深中力量。

4.1 疏浚土综合利用

4.1.1 技术背景

深中通道采用沉管隧道形式穿越深圳水域,沉管基槽开挖及管节浮运航道疏浚是沉管浮运安装的关键前置条件。疏浚作业将产生大量疏浚物,这些疏浚物如果全部外海水抛,势必会对海洋生态环境构成严重威胁。由于深中通道工程所处地理位置特点,其巨大的挖泥量以及超长的抛泥距离所构成的疏浚成本要比港珠澳大桥工程大得多,是工程初步设计阶段不可忽视的关键,也是深中通道工程建设成本控制必须关注的重点之一。同时,工程建设区域属河口平原地区,陆上土源、砂源紧缺问题突出,结合区域工程特点综合有效地利用疏浚土,对珠三角区域资源循环利用有重要的示范意义。

4.1.2 利用方案

4.1.2.1 技术概要

根据岛隧段布置方案,深中通道疏浚施工共分为5部分内容(表4.1-1)。隧道基槽开挖施工是深中通道工程的首道工序,是影响整个工程能否顺利推进的关键因素之一。工程施工海域大部分范围相对水浅,过往船舶密集,开挖工程量大且外海抛泥区运距远,巨量疏浚土处理是制约本工程的主要难点之一,对工程进度、安全环保、施工、通航及综合成本等方面都将产生重大影响。深中通道岛隧工程的沉管隧道基槽与沉管出运航道等附属工程的开挖量巨大,且拟全部抛至指定的外海抛泥区。

深中通道工程疏浚施工项目　　　　表4.1-1

序号	施工项目	项目内容
1	岛隧工程	(1)东、西人工岛基础开挖; (2)沉管隧道基槽开挖(粗挖、精挖、清淤、隆起土清除)
2	航道开挖	沉管出运航道开挖、施工临时航道
3	主体桥梁工程	(1)伶仃航道桥锚碇基础开挖; (2)非通航孔桥承台开挖
4	航道工程	龙穴特种海洋平台专用航道
5	进出陆域泥区施工	进出陆域纳泥区的施工通道及蓄泥坑开挖(如需陆域吹填处理)

沉管隧道基槽全长5035m,由32节沉管组成,基槽及配套沉管浮运航道的疏浚工程量共计3594万m^3,为世界上最大规模的沉管隧道基槽疏浚工程。根据沉管隧道布置方案计算沉管基槽疏浚工程量,其边坡设计为顶层流泥层按1∶3考虑,中层淤泥层边坡按1∶7设计,下层黏土及砂层边坡按1∶3设计。沉管出运通道工程量根据沉管浮运航道尺度,设计底高程为-14.3m,宽度为245m,边坡按1∶7设计。桥梁标段工程涉及的疏浚类工程考虑锚碇基础开挖和承台开挖。龙穴特种海洋平台专用航道将根据专用特种船舶专门设计,疏浚工程量计算范围为伶仃航道以东新建航道及矾石航道拓宽加深段。深中通道各疏浚工程设计参数见表4.1-2。

深中通道各疏浚类项目开挖基本参数表 表4.1-2

序号	分项工程		底深(m)	底宽(m)	长度(m)	超深(m)	超宽(m)	边坡坡比
1	岛隧工程	人工岛 东人工岛	-8.11~-15.41	—	1060	0.5	3	1∶3
2		人工岛 西人工岛	-19	—	625	0.5	3	1∶3
3		沉管隧道 基槽	-9~-35	52.9	5415	0.5	3	上(1∶3)中(1∶7)下(1∶3)
4	沉管出运	沉管出运通道	-14.3	245	5670	0.5	3	1∶7
5		外运航路	-9	100	8259	0.5	3	1∶5
6	桥梁工程	锚碇基坑	约-40	—	—	0.5	3	1∶5
7	航道工程	龙穴特种海洋平台专用航道	-10.67	285	51500	0.5	5	1∶7

深中通道隧道基槽附近水域平均水深约为港珠澳大桥岛隧工程相应水域的一半,隧道基槽施工期间回淤强度为港珠澳大桥岛隧工程的1.5倍,即0.3m/a。沉管出运通道根据《深中通道项目沉管预制厂沉管浮运航道说明及附图》要求,按3.5年回淤量设计。

根据设计资料,综合考虑水深条件、航道条件和抛泥区容量,深中通道选择港珠澳大桥工程所采用的大万山南抛泥区东侧区域作为抛泥区,其面积约 $25.5km^2$,海图水深为 $29\sim33m$,抛泥距离约为 110km。

4.1.2.2 可填性分析

根据疏浚土的特性,结合对土地资源的需求,选择适用的有益利用方式,改变简单单一的抛弃处置方式,将疏浚土变废为宝,充分发掘并实现疏浚土潜在的综合价值,是疏浚土可填性分析的重点。根据《深圳至中山跨江通道项目方案设计勘察地球物理勘探成果报告》,深中通道岛隧段的土层分布主要包括软土层、砂及黏土混合层以及岩石层。

(1)软土层:岛隧区间测线覆盖范围软土层(主要包括表层细砂、淤泥及淤泥质黏土)底界面起伏变化较大,界面高程在 $-27\sim-17m$ 之间变化,平均高程为 $-16.8m$,其变化主要和水深变化紧密相关。

(2)砂及黏土混合层:岛隧区测线覆盖范围砂及黏土混合层(主要以砂、粉质黏土为主,含粉质黏土、粉土、粉砂、细砂、中砂、粗砂、砂砾等)底界面起伏变化较大。

(3)岩石层:岛隧区间测线覆盖范围中(微)风化基岩顶面起伏变化较大,岩面高程在 $-54\sim-21m$ 之间变化,平均高程为 $-38.2m$。

根据以往吹填造陆的成功经验,岛隧段软土层中的表层流泥及软淤泥含水率大,后期软基处理成本高,一般不适合作为吹填物料使用,可作外运水抛处理;剩下土质较好的淤泥、砂层及黏土层可考虑作为吹填物料使用,但两种处理方式必须综合考虑,实现疏浚物有效资源化利用。从技术可行性和经济效益合理性两方面进行综合分析。

(1)技术可行性。

根据广州港南沙港区一期、二期工程的施工经验,采用"疏浚土 + 砂"作为回填料技术上可行;但鉴于后期地基处理质量控制及场地使用成本,以及为降低地基处理难度,避免施工后残余沉降过大,需控制疏浚土回填厚度,选取含水率相对较低的疏浚土有针对性地进行回填,随后进行地基处理。目前此种回填方式已在诸多填海工程中使用,技术可行,且吹填疏浚土施工工艺可行,质量可控。

(2)经济效益合理性。

选用深中通道的疏浚土作为大型填海工程的回填料,一方面可减少疏浚土外抛处理费用,另一方面可减少资源浪费,实现资源利用最大化,具有较高的经济效益。

因此,疏浚土作为回填料使用,技术可行且具有较好的经济效益,但还需结合工期、土质、成本等条件综合考虑,进一步选择合适的方案。

4.1.2.3 处置方案

深中通道针对工程施工中可能发生的疏浚土开挖量,对全部外抛、陆吹与外抛相结合及脱水干化利用等三种处理方案的可行性及合理性进行研究。采用全部外抛方案外运水抛至大万山南海洋倾倒区,运距平均约为110km。由于工程疏浚量巨大,且倾倒区地处外海,运距较远,为尽快为后续工序提供工作面,疏浚施工主要工作量将相对集中于前三年,导致同期内施工船舶投入大,对船舶组织、施工与通航安全、环境保护及施工总体造价等造成严重压力。疏浚土脱水干化利用方案对工期要求较低,可作为工期调节手段,同时疏浚土经干化后作为建筑用砖、陶瓷颗粒、干填料等特殊建筑材料,具有较大的社会效益。能够适应深中通道工程疏浚工程规模,又比较经济的疏浚土干化方法,是利用干化池将疏浚土自然干化、开沟排水和底部排水等的组合方法。但目前由于技术受限,尚未能形成规模化应用,而且需要大范围租用堆场和大规模倒运干土。因此,有必要充分考虑其他更合理的疏浚土处理方式,如采用陆吹与外抛相结合的方案。

陆吹与外抛相结合方案的采用原则主要从三方面进行考虑。一是土质方面,表层软弱淤泥宜作外抛处理,土质较好的疏浚土尽可能作为回填料转吹至珠江口海域内大型填海工程。二是工期匹配,即回填疏浚土须与填海工程回填施工工期相匹配。三是施工界面界定,以吹填至施工区作为划分界面,即疏浚土运输、吹填费用由弃土工程建设单位承担,疏浚土地基处理费用由接纳弃土工程的建设单位承担。广州港出海航道、南沙港区及深圳大铲湾一期等工程建设经验证明,疏浚土综合利用是可行的。

经过工程前期调研表明,与深中通道相邻区域存在大型吹填造陆工程规划,且工期有一定匹配性的有东莞市长安新区滩涂围填工程、中山翠亨新区吹填造陆工程等。深中通道工程的疏浚土处理结合区域内填筑工程,可以大大减少疏浚土运距、降低疏浚成本。针对陆吹与外抛相结合的疏浚土处理方式,并考虑周边吹填造陆工程实施,产生的疏浚土约11622万m^3(表4.1-3)。深中通道本着"环保节约"的原则,不断优化设计方案,优化后疏浚物处置总量减少至7077万m^3,降低比例达39.1%,大大降低了现场处置压力和环境风险。

深中通道工程疏浚施工工作量统计表　　　　　　　表4.1-3

序号	工程名称	工程量(m^3)	回淤量(m^3)	合计(m^3)
1	岛隧工程	84252329	17044702	101297031
1.1	东人工岛	2060610	—	2060610
1.2	西人工岛	594880	4759702	5354582
1.3	隧道基槽	23798510	12285000	36083510
1.4	沉管出运通道	42880000	—	42880000
1.5	至长安新区航路	2044286	—	2044286
1.6	外运航路	1655300	—	1655300
1.7	至翠亨新区航路	7248117	—	7248117
1.8	蓄沙坑(长安)	1795313	—	1795313
1.9	蓄沙坑(翠亨)	2175313	—	2175313
2	桥梁工程	604623	—	604623
2.1	锚碇基坑	470657	—	470657
2.2	桥梁桩基、承台	133966	—	133966
3	航道工程	12168647	2152800	14321447
3.1	龙穴特种海洋平台专用航道	12168647	2152800	14321447
合计		97025599	19197502	116223101

深中通道疏浚土处理采用陆吹为主、外抛为辅的方式。通过专题论证、政府协调,结合南沙龙穴岛、中山翠亨新区等城市规划填海工程,南沙新区城市建设,中山市马鞍岛、南沙区万顷沙等围垦区土壤改良,以及大万山南倾倒区外海水抛等方式进行疏浚物综合处置利用,将工程废弃物转变为城市建设的料源。统筹广州市、中山市、深圳市、东莞市及(原)国家海洋局南海分局分解6000万 m^3 疏浚物处置任务,其中广州市负责1000万 m^3、中山市负责2000万 m^3、深圳市负责300万 m^3、东莞市负责700万 m^3,(原)国家海洋局南海分局协助工程在大万山南等沿海海洋倾倒区申请2000万 m^3 海洋倾倒指标。

4.1.2.4 疏浚土转吹上岸[40]

深中通道疏浚土转吹上岸主要采取泵船转吹、挖掘机过驳施工、泵沙平台施工等措施,并配合进出吹填区临时施工通道与蓄泥坑开挖、陆上纳泥区围堰与分隔堰填筑、纳泥区内疏浚土地基处理等辅助施工措施。

(1)泵船转吹。

泥驳在施工现场满驳后,按指定运泥线路进入纳泥区外围水涌,停靠在泵船一侧,将泵船上的泥浆泵伸入泥舱,将泥浆直接吸入排泥管线中,输送至陆域纳泥区内,见图4.1-1和图4.1-2。采用泥浆泵直接泵送易造成管道堵塞、压力不稳定等现象,当疏浚物土质为淤泥、淤泥质粉质黏土夹砂及粉细砂时使用该方式。

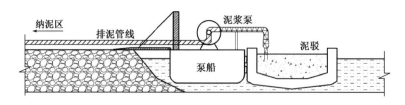

图4.1-1 泵沙船转吹施工工艺示意图

(2)挖掘机过驳施工。

通过挖掘机过驳至泵船进料口,经筛选后输送到纳泥区(图4.1-3),再用高压水枪清理进料口。启用泥头车进行短距离运输,保障过驳施工效率。

图 4.1-2 泵船转吹上岸施工

图 4.1-3 纳泥区航拍图

（3）泵沙平台施工。

平底运泥船利用天然航道运至纳泥区外围水涌,并停靠至岸边泵沙平台。泵沙平台上长臂钩机将泥驳中的土挖掘至泵沙平台上振动漏筛上,泵沙平台利用高压水泵将泥水混合物冲散,筛落泥水混合物泵送至岸上纳泥区,未筛落的大粒径硬土滑落至舱内堆积,由另一台钩机配合泥头车及时转运至纳泥区,施工工艺见图4.1-4。

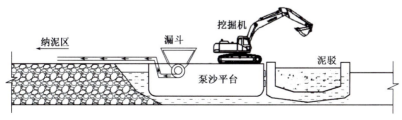

图 4.1-4 泵沙平台施工工艺示意图

(4)环境保护。

疏浚土转吹上岸工程量大,排水量较大,为防止纳泥区水流扩散对周边环境水体造成污染,应采取如下措施:增设沉淀尾水区,该区域不进行吹填作业,专门用于沉淀待排放尾水,沉淀达到排放标准后再进行尾水排放;将排水口布设在纳泥区的死角或远离排泥管线出口的地方,以利于增加泥浆流程,加速泥浆沉淀,减少泥浆扩散;纳泥区内修筑临时土围堰排水沟,将区内尾水导引至临时排水沟,再通过沉淀池排至纳泥区外;严格控制吹填高程,防止吹填尾水经围堤顶面漫溢扩散。

4.1.3 应用效果

深中通道不断优化总体设计方案,从源头降低了工程疏浚土处置总量。通过对土质分析、工期匹配和施工界面管理等统筹考虑分析,结合工程周边吹填造陆工程,采用以陆吹为主、外抛为辅的疏浚土处置方案,改变了以往单一的抛弃处置方式,充分发掘并实现疏浚土作为宝贵资源的潜在综合价值。

深中通道结合翠亨新区规划等填海工程建设需要,统筹消纳工程疏浚土,实现多种渠道综合利用,极大减少对海洋渔业生态环境的影响,节省大量土地资源和材料购买费用,减少材料外运距离,降低疏浚成本,取得巨大的社会经济效益。

4.2 钢壳智能制造

4.2.1 技术背景

深中通道采用八车道高速公路标准,沉管隧道总宽度达到了46~55.5m,行车道单孔跨度达18.3m,沉管隧道宽度及跨度均居世界之最。采用传统的钢筋混凝土结构难以适应工程钢壳沉管规模大、构造复杂、厚板焊接难度大、制造精度要求高、工效要求高等特点,很难满足受力及耐久性的要求,合理选择沉管隧道结构形式以及如何确保施工质量与安全,是深中通道工程的难点和重点。

深中通道采用的钢壳混凝土组合结构为世界首次大规模应用,工程建设极具挑战性。钢壳混凝土结构施工中要先做钢壳,再做混凝土浇筑。首先在钢结构加工厂分别制造钢结构单元、匹配组拼、焊接成钢壳结构,安装 GINA 止水带,完成系统调试后浇筑自密实混凝土,封闭孔洞等。钢壳制造作为深中通道沉管工程中的最前道工序,是后续施工的基础和保证,制造难度很大,主要表现在:国内缺乏成套的钢壳混凝土沉管隧道技术标准、规范和施工经验;钢壳管节构件尺寸大大超出了既有国外工程案例的经验范围,结构和施工工艺特殊;制造精度、交付工期、完工质量等方面要求极高,需要制造厂具备较强的钢壳智能制造技术能力;沉管隧道工程设计寿命为 100 年,沉管完全浸没于海底,对制造质量和防腐的耐久性要求极高,同时钢壳制作耗钢量巨大,采用预制方式施工工期紧张,制造技术和制造效率要求高。

4.2.2 关键技术

4.2.2.1 技术概要

钢壳构造主要由内外面板、横纵隔板、横纵加劲肋及焊钉组成。典型的钢壳结构示意如图 4.2-1～图 4.2-3 所示。内外面板和横纵隔板连接成为受力整体,并划分成多个封闭的混凝土浇筑独立隔舱。为了保证钢壳与填充混凝土共同变形,防止钢板与混凝土的界面发生滑移,按一定间隔设置纵向加劲肋和焊钉。纵向加劲肋采用 T 型钢及角钢,纵向加劲肋与焊钉保证面板与混凝土有效连接,纵向加劲肋与横向扁肋共同作用增强面板刚度。隔舱上预留浇筑孔和排气孔,混凝土浇筑完成后进行等强水密封堵,满足钢壳与混凝土组合结构受力要求。沉管隧道共计 32 个钢壳管节,总用钢量达 32 万 t,排水量相当于 1 艘中型航空母舰船体。管节构造非常复杂,单个标准管节由 2800 个隔舱组成,横纵隔板、连接件交错。为满足建设总体工期要求,钢壳制造需要满足 1 节/月的出厂要求[41]。

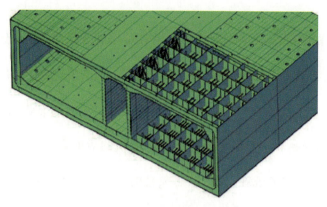

图 4.2-1　钢壳基本构造示意图

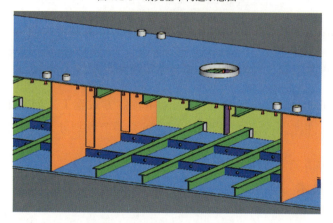

图 4.2-2　钢壳结构三维示意图

图 4.2-3　钢壳实拍图

深中通道沉管隧道 1 个标准管节由 22 个小节段组成,共 88 个块体,3710 个片体,总钢量约 1 万 t[42]。

(1) 小节段划分。

将 165m 长标准管节按长度方向划分为 11 个 15m 长的小节段,然后宽度方向以左右对称划分的原则,共将标准管节划分为 22 个小节段(图 4.2-4)。

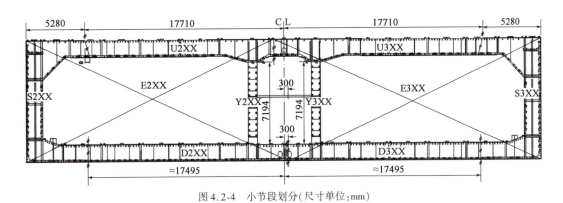

图 4.2-4　小节段划分(尺寸单位:mm)

(2) 块体划分。

如图 4.2-5 所示,根据小节段的结构特点,将每个小节段划分为 4 个平面块体,分别为底板块体、中墙块体、边墙块体及顶板块体。

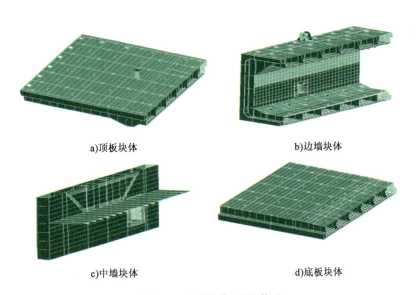

图 4.2-5　典型块体三维立体图

(3) 片体划分。

根据块体的结构特点,每个块体划分为约 40 个片体。片体是管节组成的基本元素,由加劲肋或 T 型材接在钢板上组成(图 4.2-6),其特点是结构简单,多为平直结构,焊缝均为角焊缝，外形尺寸不大，数量多，适宜于流水线作业。根据其特点，可分为纵、横隔板片体以及面板片体，沉管隧道工程横隔板多为 1.5m×7m 的片体，纵隔板多 1.5m×3m 的片体。

图 4.2-6　片体划分示意图

4.2.2.2　工艺流程

根据钢壳结构形式特点和结构划分，参考船体分段的建造模式、施工工艺和检验标准，结合厂区生产场地要求以及自动化、智能化设备要求，钢壳制造主要工艺流程如图 4.2-7 所示。围绕提高效率和质量要求，在沉管隧道钢壳小节段制作阶段，开展智能制造关键技术研究，围绕板材/型材切割生产线智能化攻关、片体智能焊接生产线、块体智能焊接生产线、小节段智能涂装生产线及面向 BIM 技术的车间制造执行管控系统等五个专题，攻关突破板材/型材智能生产线、多门架多机器人协同控制、面向机器人的成套工艺数据库等关键技术，形成"四线一系统"的智能车间，助力深中通道钢壳沉管隧道钢壳智能化生产，实现智能制造技术及工艺装备在桥隧工程的开创性应用。

4.2.2.3　四线一系统

针对钢壳沉管规模和体积庞大、制造难度大、精度要求高、工期紧任务重等问题，深中通道在港珠澳大桥沉管隧道加工实现工位自动化的基础上，以"互联网＋BIM 技术＋智能机器人"为抓手，深度推动造船行业与交通行业深度融合，研发出了国内首条钢壳沉管"四线一系统"智能制造生产线，具体包括板材/型材智能切割生产线、片体智能焊接生产线、块体智能焊接生产线、智能涂装生产线、车间制造执行过程信息化管控系统，如图 4.2-8 所示。智能制造生产线的建成投产，实现了钢壳智能制造流水线自动化，提升了钢壳结构的制造品质及工效，促进了我国交通行业与造船业技术水平的提升。

4 沉管隧道绿色建造关键技术

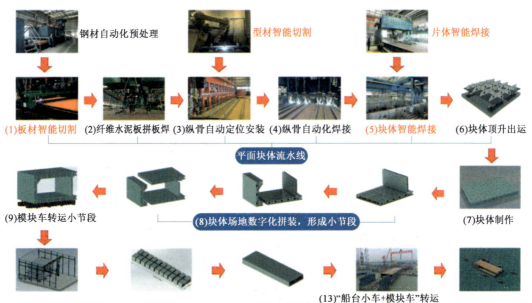

图 4.2-7 钢壳制造主要工艺流程图

图 4.2-8 沉管钢壳智能制造四线一系统布局

(1) 板/型材智能切割生产线。

通过系统管理、实时信息获取、远程监控设备、故障预警、统计分析等模块,实现钢壳板材智能切割生产(图 4.2-9),并实时反馈生产过程数据到 MES 系统,可随时控制切割设备状态。相较于传统下料切割工艺,板材运输环节替代原有机械化作业,通过吊装设备将板材自动运输至切割工位,提高工作效率,减少作业人员数量;将板材确认与板材定位环节合并为板材扫描工序,将板材切割与零件编码合并为板材切割工序,合理简化工艺环节,大幅提高工作效率;增设检测扫描环节及管控平台,对切割零件进行即时检测,并及时反馈给管控平台,提高产品质量。

图4.2-9　板材/型材切割生产线

(2)片体智能焊接生产线。

片体智能焊接流水线主要用于隔板片体焊接和背烧工作,配置机器人智能焊接、自动背烧和卸料等核心工位。焊接机器人(图4.2-10)接收指令后对沉管片体进行自动焊接作业,可降低工人劳动强度,有效提高焊接质量和生产效率,减少废材产生,达到节能降耗的目的;生产线各工位实现智能化节拍控制,机器人及时向生产线发送闲置信号,控制站随即判断上料、装配及检查修补工位运行情况,及时调整生产节奏,提高生产效率。

图4.2-10　片体智能焊接机器人

(3)块体智能焊接生产线。

块体智能焊接生产线对平面块体流水线肋板装焊工位改造升级,主要用于敞口块体隔板的平角焊和立角焊,如图4.2-11所示。焊接机器人通过3D扫描/Smartac系统实现自动化移动,通过点激光/Smartac系统对接头位置和焊缝位置进行精确寻位,焊接过程中采用电弧跟踪对焊接路径进行实时纠偏,通过智能化、精准化定位、纠偏,提高块体焊接精度和效率,减少焊接失误产生的材料消耗,实现绿色化生产。

图4.2-11 块体智能焊接生产线

(4)小节段智能喷涂生产线[43]。

小节段智能涂装生产线(图4.2-12)对原涂装车间进行智能化升级改造,分为智能喷砂车间和智能喷漆车间。在分段涂装车间采用智能化无尘抛丸作业、智能化喷涂、物料自动供应系统等智能设备进行涂装作业,智能车间各工作面机器人系统可同时全自动工作,无需人工控制,钢壳喷涂损耗系数从手工喷涂的1.8降低到1.5,32个管节总共减少挥发性有机物(VOC_s)排放约162t,保障了工作人员健康,同时配置智能打砂、涂装系统、有机废气处理装置及"沸石转轮+催化燃烧"VOCs综合治理等设备,实现对涂装废气的收集处置。

(5)车间制造执行管控系统。

构建车间制造执行管控系统,实现加工数据通过网络下发和对板/型材智能切割生产线、片体智能焊接生产线、块体智能焊接生产线以及智能涂装生产线的运行状态监控、信息共享等功能,对生产制造过程优化管理,调整作业计划,实现量化派工,有效保证产品质量和生产效率。

图 4.2-12　小节段智能涂装生产线

4.2.3　应用效果

深中通道沉管隧道平均每个管节用钢量约 1 万 t,焊缝长度超过 270km,最厚钢板达到 40mm。钢壳建造如同搭积木般,把钢板切成零件、拼成分段、组成总段,最后在总拼平台线完成整体组装,如图 4.2-13 所示。面对钢壳制造工期任务紧、施工难度大,且 E1 管节钢壳和最终接头均为世界首制等史无前例的压力和难度,建设团队联合科研单位,自主研发国内首条钢壳沉管智能制造生产线,钢板切割、片体及块体焊接、喷漆涂装等工序实现了自动化、智能化,钢壳管节制造自动化率超过 70%。

图 4.2-13　沉管钢壳内部构造

在国内桥隧工程中首次全面实施应用了数控板材/型材切割生产线联网管控系统,通过与车间智能管控系统深度集成,综合运用先进的物联网技术,实现了生产信息的互联互通,突破了切割生产线实时状态远程监控、生产进度实时统计和设备故障报警分析等关键技术。块体智能焊接生产线可大大降低人工作业强度、提高作业环境、提高生产效率、保证生产质量。钢壳智能生产线将每个标准管节超过270km的焊接变得高效高质,智能化、流水化作业实现平均一个月完成一节的制造速度,保证了制造精度及焊缝、涂装质量合格率100%,大幅提升了钢壳结构制造品质及工效,减少切割、焊接、喷涂损耗量,避免重复加工、返工等资源及能源损耗,工人数量减少50%以上。

4.3 沉管智能浇筑

4.3.1 技术背景

深中通道沉管隧道是国内第一条大规模采用钢壳混凝土的沉管隧道,隧道建设面临钢壳结构复杂、构造复杂、自密实混凝土流态复杂等问题。如何保证自密实混凝土高性能、高浇筑质量以及高检测精度是工程亟待解决的技术难题。钢壳结构易受环境和混凝土水化热影响,温度变化大,影响自密实混凝土品质;混凝土浇筑顺序不当易导致钢壳变形,影响安装精度。自密实混凝土性能要求高,拓展度控制在600~720mm,对原材料与配合比、环境温度、泵送时间和距离、浇筑温度、速度、混凝土流动性、填充性和抗离析性等都有非常严苛的要求,配制和质量稳健性控制难度极大。自密实混凝土浇筑速度控制非常严格,施工浇筑速度快容易造成浇筑质量缺陷。密肋封闭结构中混凝土不易填充密实,施工难追溯,脱空缺陷难检测。浇筑过程中受到频繁地换管、移动布料机、调整速度等因素影响,对自密实混凝土制备品质、浇筑工艺及工效要求高。

深中通道单个管节混凝土浇筑方量达到29000m^3,浇筑舱格多、对设备精确定位要求高,对混凝土施工过程控制要求高,大规模施工精细化管理困难,传统混凝土浇筑工艺、浇筑设备难以满足高品质浇筑需求,在有限工期内和繁重任务压力下,易造成大量混凝土资源损耗,甚至导致钢壳大量废弃浪费。为实现沉管浇筑过程中材料调度、工艺参数控制及施工组织全过程精细化和智能化管控,深中通道在珠海桂山岛采用"工厂法"陆上浇筑,沉管钢壳管节在船厂制作完成后运输至岛上进行混凝土浇筑。为保证管节混凝土浇筑质量,通过"自动化、智能化、信息化"等手段,开发智能化浇筑设备,提高施工效率,保证施工质量,更好支撑深中通道沉管隧道建设。

4.3.2 关键技术

4.3.2.1 技术概要

沉管预制施工主要包括钢壳卸驳(落墩)、沉管轻载移运、自密实混凝土浇筑、端钢壳灌浆、沉管重载移运等,管节浇筑工艺流程[44]如图4.3-1所示。

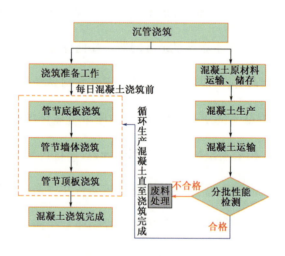

图4.3-1 管节浇筑工艺流程

为保障自密实混凝土浇筑质量,深中通道研发了自密实混凝土浇筑设备和智能浇筑控制系统。其中自密实混凝土浇筑设备主要通过传感器(温度传感器、定位仪、混凝土液面测距仪等)、智能浇筑小车,实现混凝土自动布料、自动浇筑以及浇筑速度控制;基于BIM、智能传感和物联网技术,研发涵盖混凝土生产、运输、浇筑、检测的钢壳沉管混凝土浇筑全过程智能控制管理系统,利用大数据辅助决策,实现沉管预制各环节任务智能分配、实时监控记录以及施工缺陷快速定位、自动生成报表的优质、高效、智能化、精细化管理,提升混凝土浇筑品质。

4.3.2.2 高稳健、低收缩自密实混凝土

钢壳混凝土管节采用双层钢壳内部填充混凝土的结构形式,混凝土需要在无振捣的条件下,在钢壳内依靠自身流动性和填充性形成密实结构,最终与钢壳共同作用达到协同受力的效果。因此,钢壳自密实混凝土配制是钢壳混凝土管节制作的一项关键工作。钢壳自密实混凝土需要具备良好的流动性、填充性、抗离析性等工作性能,实现混凝土在钢壳内的流动和自动填充密实,同时还要有一定的黏性,防止混凝土发生明显分层。作为钢壳中间的填充材料,混凝土还要具备一定的强度,满足沉管的受力要求。此外,混凝土作为钢壳—混凝土—钢壳"三明治"结构的中间组分,需要尽量降低混凝土的收缩,有利于发挥"三明治"结构的协调作用。在达到以上主要性能的前提下,还需考虑自密实混凝土的经济性,实现混凝土的高性价比。

由于钢壳混凝土沉管在我国的工程应用极少,钢壳自密实混凝土的研究成果鲜见,钢壳混凝土管节结构形式对混凝土性能指标的要求尚不明确。针对钢壳自密实混凝土的性能需求,深中通道以混凝土的工作性能、力学性能和体积稳定性为主要性能指标,开展了25种不同配合比适配试验,重点攻克自密实混凝土的工作性能需求、高胶凝材料用量和砂率与低收缩性能要求之间的矛盾等技术难题,研发了更适合钢壳沉管浇筑,且稳健性更强的高流动性自密实混凝土,研究确定了其基本性能需求和施工关键控制指标(表4.3-1)。同时对混凝土的经济性进行分析,最终掌握既利于施工,又能满足结构设计要求的高性价比钢壳自密实混凝土配制技术。

钢壳自密实混凝土基本性能需求及施工关键控制指标　　　表4.3-1

参数	单位	指标要求
新拌混凝土坍落扩展度	mm	650±50
V型漏斗通过时间	s	5~15
L型仪H2/H1	mm	≥0.8
混凝土密度	kg/m³	2300~2400
新拌混凝土含气量	%	≤5
混凝土设计强度	MPa	满足设计要求
集料最大粒径	mm	20

钢壳空管节由多个封闭的舱格组成，在混凝土浇筑时通过安装于舱格顶部的下料管道下料，同时通过排气管排气，保障浇筑时排气的通畅性。由于采用自密实混凝土技术，在混凝土浇筑过程中无需振捣，节省了大量的人力资源和设备能耗。

深中通道单个钢壳管节自密实混凝土方量达2.8万m³，对自密实混凝土工作性能、体积稳定性、浇筑工艺及速度控制要求极高，脱空控制严格，环境温度敏感性高，对传统混凝土的浇筑工艺和浇筑装备提出了升级要求。根据混凝土试验情况，确定钢壳自密实混凝土的配合比及管节混凝土原材需求量见表4.3-2。

混凝土配合比及管节混凝土原材需求量　　　表4.3-2

材料	水泥	粉煤灰	矿渣粉	细集料	粗集料		水	外加剂
型号/级别	P·Ⅱ42.5	Ⅰ级	S95级	中砂	5~10mm	10~20mm	自来水	聚羧酸高性能减水剂
配合比（kg/m³）	275	192	83	804	241	563	176	6.6
管节原材需求量(t)	173250	120960	52290	506520	151830	354690	110880	4158

4.3.2.3 智能浇筑装备[45]

如何将混凝土均匀打入沉管舱格,确保每个舱格里钢壳和混凝土的间隙控制在 5mm 以内,是沉管浇筑的难题之一。常规混凝土浇筑方案一般是混凝土运输车将混凝土运输至浇筑现场,现场利用混凝土输送泵加布料机的形式将混凝土泵送至浇筑区域。由于深中通道的钢壳预制管节长度大、行车道孔净空小、底板隔舱数量多,且管节预制作业区在船坞内,而船坞有 10m 之深,混凝土运输车无法到达坞底进行卸料,传统的浇筑方式并不适用。针对传统浇筑设备适用性差,沉管预制工期紧、标准高等难题,深中通道自主研发了混凝土智能浇筑装备(图 4.3-2),包括布料机、智能可变跨径悬臂式浇筑台车、拖泵及配套管路和控制系统。

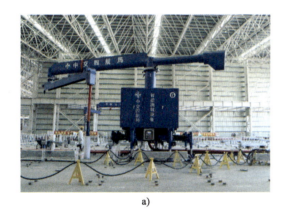
a)

b)

图 4.3-2 沉管混凝土浇筑智能装备

智能浇筑设备底盘及支腿采用步履式,可左右、上下移动,实现多障碍跨越;主臂采用圆管结构,具有良好的抗扭强度,主、副臂均可 360°旋转,实现半径 12m 范围内任意位置浇筑作业;末端伸缩管可调整浇筑管出口与混凝土液面距离,保证浇筑质量。

智能浇筑设备通过安装温度传感器、定位仪等,能够根据坐标自动移位,实现混凝土自动布料、快速自动寻位;设置液位测距仪和阀门自动探测,根据信号自动调整速度和开关阀门自动调节浇筑速率,实现自动浇筑及浇筑速度控制;指导搅拌站及车辆生产、运输,实现全过程智能化。混凝土智能浇筑设备精细化控制每个舱格混凝土饱满度,最终实现隐蔽工程可视化、传统工程智能化、土木作业精细化的目标。智能浇筑设备控制系统包括以下系统:

(1)混凝土液面测量系统。浆面测量系统采用激光式液位传感器。在同一舱的三个相距较远的透气管上设激光液位传感器,测量舱内混凝土液面高度。

(2)拖泵流量控制系统。智能浇筑设备接收到浆面检测系统浆面信号后反馈给拖泵伺服机构,根据浆面高度通过伺服机构调节拖泵的泵浆速度。

(3)末端混凝土管控制系统。为满足浇筑管末端离混凝土液面高度50cm内的要求,在浇筑时需将浇筑管插入舱内。智能浇筑设备设置末端伸缩管,根据混凝土液面测量系统反馈数据,通过伺服控制系统实时调整末端泵管的高度。

(4)自动寻孔。智能浇筑设备定位后,根据预先设定的坐标及浇筑顺序,自动旋转主、副臂,将浇筑位置调整到合适位置。当设备自我定位后,在浇筑范围内任意一点,有且只有两种组合使设备末端到达指定点,通过程序设置转动方向实现寻址。

(5)行走系统。采用步进式行走,通过底盘上8个支撑油缸和8个水平伸缩油缸实现设备纵向、横向移动。液压系统具备调节底盘水平度功能,支撑油缸为设备浇筑过程提供稳定基础。

根据浇筑完成的沉管检测结果,要求沉管脱空数值始终保持在2～3mm之间,优于5mm标准限度。毫米级浇筑创造了我国钢壳沉管隧道预制纪录,为深中通道隧道沉管百年使用寿命提供先决条件。

4.3.2.4 智能浇筑管理系统

采用BIM、智能传感和物联网技术,研发涵盖混凝土生产、运输、浇筑、检测的钢壳沉管混凝土浇筑全过程智能化信息管理系统(图4.3-3),构建包括智能化施工系统、视频监控系统、智能搅拌站系统、智能调度系统及控制大厅的沉管隧道预制智能建造平台,对混凝土生产及浇筑进行全过程监控,实时记录、统计、储存监测数据。通过液面自动监测系统实时测量沉管封闭舱格内混凝土面高度,以数字化形式展示下料高度、浇筑速度等施工参数,精细化控制每个舱格的浇筑过程。利用大数据辅助决策,完成沉管预制各环节任务智能分配、实时监控记录、施工缺陷快速定位、自动生成报表的精细化管理,实现管节预制全过程信息化管控,提升混凝土浇筑品质,降低混凝土浇筑过程损耗,优化资源配置。

图 4.3-3　沉管混凝土浇筑智能管控系统

4.3.2.5　快速脱空无损检测

深中通道沉管隧道的纵横隔板将整个钢壳结构分为若干个独立隔舱,沉管结构的预制浇筑通过隔舱顶部的预留浇筑孔和排气孔进行,整个浇筑过程无法振捣。隔舱内部构造复杂,阻碍自密实混凝土流动,使得隔舱顶部钢板和混凝土交界面间极易出现浇筑不密实的脱空缺陷,影响结构受力。沉管在制造过程中,及时、准确地识别出产生脱空缺陷区域并进行缺陷位置注浆补强,是确保工程质量的有效手段。钢壳混凝土沉管隧道在我国为首次应用,常规检测方法的适用性较差,检测精度不高,无成熟的技术和方法可借鉴。

为实现无损、快速、高效、精确的钢壳混凝土脱空缺陷检测,结合定位、激振器、传感器、控制主机等功能,提出脱空位置精确定位智能检测方法,在世界上首次研制出阵列式智能冲击映像设备和中子法组合的脱空检测技术与装备,实现钢壳混凝土脱空智能化快速检测,精准检测缺陷脱空位置、脱空面积、脱空高度,形成二维或三维可视化图像,如图 4.3-4 所示。基于工程足尺模型底板+顶板开盖(图 4.3-5)盲检对比,位置综合符合率达到 94%,面积综合符合率超过 85%。32 个管节应用智能浇筑装备累计浇筑混凝土近 90 万 m³,除去结构性管内损耗,废料率小于0.26%。脱空检测结果表明,混凝土浇筑质量良好,脱空均满足验评标准要求。损耗率及现场文明施工控制均优于国际同类工程。通过冲击映像法和中子法,可快速、准确、大范围地检测钢壳混凝土沉管的浇筑质量,精准识别出钢板下的脱空缺陷。

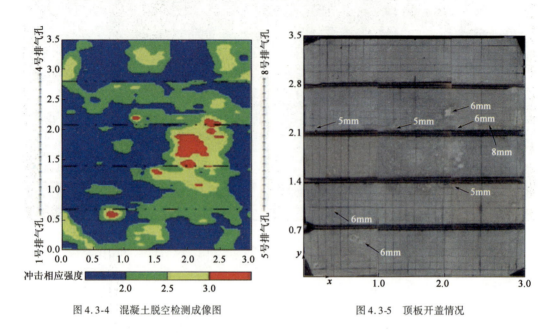

图 4.3-4　混凝土脱空检测成像图　　　　图 4.3-5　顶板开盖情况

4.3.2.6　智能台车[46]

沉管钢壳制造完成后运至桂山岛预制场进行浇筑,需要将重达1万t的"巨无霸"钢壳从驳船上运送到预制车间,需要完成两次沉管移动、混凝土浇筑、两次舾装等繁复流程。钢壳沉管浇筑完成后近8万t,需要纵移至浅坞区进行舾装作业。按照工程总体进度要求,需在1d内完成180m沉管转运。

港珠澳大桥建设使用的比利时液压平衡系统经技术优化后,顶推一节沉管可从30d缩减到7d,但仍无法满足深中通道工期需要。深中通道研发出了单台承载力达到800t的智能台车(图4.3-6),由200台电动轮轨式液压台车编队作业,采用"多点支撑、三点平衡、同步行走"原理,实现管节平稳移动。通过控制台车上液压系统升降,实现管节在无源支撑系统与台车支撑系统间的相互转换,能同步双向行走,并自动纠偏。台车空载行走能力为

3m/min,满载理论测速为 1m/min,最大载重 16 万 t,安全载重 8 万 t,是世界最大载重台车组。

图 4.3-6 轮轨式液压台车

在钢壳管节的侧墙、中隔墙下方,纵向布置 4 列 800t 台车,每列台车均匀布置于钢壳及管节下方的钢轨上,每列 50 台,共 200 台,平均负荷率为 50%;每辆台车上设置一台 800t 千斤顶,用于支撑沉管。为减少钢壳管节变形,每两台纵向台车支撑一块长 4.61m 的顶板后再支撑钢壳及管节;顶板设置卡槽,稳定地放置于两台台车上的支撑千斤顶上;另配置液压动力站运输台车 4 台、电缆卷筒及控制站台车 4 台,分别布置于每列台车的前端。通过液压三点支撑系统及独特的台车结构设计,可实现 200 台台车及车轮均匀受力,有效控制管节变形,提高了移运稳定性,具有载重能力强、同步启动、同步行走、定距行走、定点停车、故障实时报警、触碰障碍物即时停车等特点。

4.3.3 应用效果

深中通道研发了能满足钢壳质量标准的高稳健自密实混凝土材料,量身定制了自密实混凝土智能浇筑设备,开发了智能浇筑控制系统,实现了钢壳自密实混凝土高品质浇筑,填补了行业空白。在世界上,深中通道首次大规模采用自密实混凝土浇筑钢壳沉管,奠定了中国钢壳沉管隧道预制的技术优势。

采用自密实混凝土技术,无需人员振捣,减少了人力和设备投入,降低振捣设备运行能耗。

钢壳智能浇筑系统可精细化控制每个舱格的浇筑过程,对混凝土生产及浇筑等全过程监控,具有效率高、风险低、稳定性高等优点,超越了传统施工技术,极大提高了沉管浇筑效率和质量,沉管预制可缩短至30d/节。采用传统浇筑设备浇筑单个舱格浪费混凝土$0.4m^3$,采用智能浇筑设备浇筑单个舱格可减少混凝土浪费$0.2m^3$。在大幅降低资源无效耗损的同时,大幅度降低了资源生产、运输等生命周期过程中的能源消耗及碳排放,实现了绿色高效施工。

研发的钢壳混凝土智能浇筑系统结合快速脱空检测装备,可实现混凝土浇筑全过程在线监控,实时反馈浇筑质量、效率,实现自密实混凝土浇筑全过程精确质量控制及智能化管控,保证工程质量,降低废弃率,提升越江跨海沉管隧道的生命力。

200台智能小车编组台车满载理论测速为1m/min,完成单节沉管纵横移用时从30d缩短到1d,彻底解决了单节8万t沉管转运难题,大大提升了管节转运工效,实现了沉管移运从港珠澳大桥时期最快7d到现在仅需3h的技术突破,显著降低了沉管转运过程中能耗和碳排放。

4.4 管节海上运输

4.4.1 技术背景

沉管隧道施工涉及陆上和水上施工环节,因此必须结合岸上和水上施工的特点进行。沉管隧道工程均可分为陆上沉管预制、水上运输、沉放接合和保护固定四大部分。只有根据每项沉管隧道工程所处外部环境的不同,有针对性地研究和处理好这四大部分工作,才能确保修建出一条高质量、符合规划和设计要求的沉管隧道。深中通道沉管隧道总长6845m,沉管段长度5035m,由32节预制沉管和一个最终接头组成,其中标准管节共26段,尺寸为165m×46m×10.6m;渐宽段沉管5节,尺寸为123.8m×(46~55.46)m×10.6m;短管节1节,尺寸为123.8m×46m×10.6m。标准管节重约77000t,浮运吃水约10.4m,沉管最大沉放水深约40m。大型沉管隧道工程管节预制的工期和质量往往会对管节浮运和沉放施工工序造成直接影响,还会直接影响最终的隧道运营,是采用沉管法修建隧道的"卡脖子"问题。为确保管节浮运和沉放工序有效实施,管节预制需要在临近沉管施工场地的干坞中进行。为了将管节从干坞运送到施工隧址处,海上管节拖航浮运工艺应运而生。由于航道条件、气象、水文等因素都会对管节拖航浮运造成影响,因此,管节拖航浮运是沉管隧道施工中尤为关键的技术之一。

4.4.2 关键技术

4.4.2.1 技术概要

沉管隧道管节一般在干坞预制。干坞按构造形式分为固定干坞和移动干坞两类。固定干坞根据与隧道位置的关系又可以分为轴线干坞和另选位置干坞。水下基槽开挖和基槽内回淤控制处理是管节沉放前的重要工作,其完成质量是沉放成功的保证。基槽开挖达到设计要求后,进行待安管节的舾装,舾装完成之后进行浮运、系泊及沉放施工。管节由拖轮编队拖带离开码头,移出坞口,然后在航道上浮运。旁拖主要提供水流抵抗力,前拖提供管节前进动力。管节沿浮运航道浮运至隧址处,进行浮运系泊,系泊完成后进行管节沉放对接和锁定回填。深中通道结合预制场选址和浮运航道建设条件,沉管预制场采用桂山岛和龙穴船厂的组合方案。深中通道沉管管节海上运输分别由两个合同段完成[47],其中S08合同段共有10节管节,采用管节拖航浮运方案,负责运输龙穴船厂的预制沉管。龙穴船厂钢壳制作和浇筑同址建设,一站式完成,减少转运能源消耗。S09合同段共有22节管节,主要采用自航式沉管运输安装一体船方案,负责运输桂山岛预制场的预制沉管。

4.4.2.2 管节拖航浮运

(1)拖航浮运工艺。

常见的管节拖航浮运方式有干拖和湿拖两种类型。干拖凭借运送速度快、运输风险小及易应对海损事故等优点,大量运用于结构弱、阻力大、稳定性差、抗风能力弱等被拖结构的海上运输。干拖方式优点很多,但干拖方案并不适用于沉管隧道建设,主要有两点原因:一是拖航设备的适用性,深中通道沉管隧道管节最长达165m,最宽处在45m以上,国内暂无满足该管节尺寸要求的半潜驳船;二是出于经济性考虑,管节是否采用半潜驳船拖航,取决于固定干坞与轴线干坞的综合经济性和工期比较。深中通道沉管隧道轴线处地质条件较差,固定干坞和轴线干坞预制工期过长,因此该方案最先被否定。深中通道管节数量较多,所需预制时间较长,对工期影响较大,因此采用干拖方式进行管节浮运的经济性不佳。

湿拖是指大型结构依靠自身浮力漂浮在水中,通过拖船牵引到达目的地。这种方式由来已久,一般用于海洋工程或其他航程相对较短的运输。当前,湿拖方案是海洋浮式结构物拖航的常规方法,基本上适用于所有浮式结构物。但对于大型浮式结构物,其与海水直接接触,拖航阻力较大,拖航速度较慢;湿拖涉及多艘拖船和拖缆等设备,再加上海上施工作业情况多变,即便提前了解流速预报资料、规划好拖运航道,在拖运时仍不得不考虑可能发生的突发大横流、大急流等复杂海况。因此,为了保证管节出坞安全和海上拖航顺利,湿拖除了配备与系缆柱连接的动力拖轮外,还应配备应急拖轮,以应对复杂海况。

(2)浮运作业流程。

深中通道S08合同段管节拖航航路横跨多个浅滩,水流、波浪条件复杂,动力作用方向与航道走向、基槽轴向间角度多变。在如此复杂的航路情况下,曲线变宽管节在复杂水动力条件下的响应可能出现不规则性,由此引发的偏航等意外情况可能导致工期延后甚至施工安全问题。为保证深中通道施工顺利进行,对曲线变宽管节在复杂航路浮运及安装过程中可能遭受的外力作用模式开展科学研究,制订了管节浮运专项施工方案[48],管节浮运作业流程如图4.4-1所示。

(3)管节浮运航线。

S08合同段钢壳混凝土沉管管节预制基地选址在广州南沙黄埔文冲造船基地,在造船基地港池突堤码头拐角位置设置管节舾装系泊区。管节浮运航道方案主要为管节出港池段和航道浮运段。

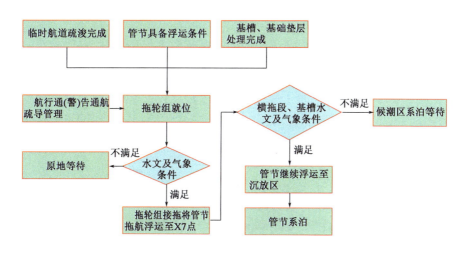

图 4.4-1　管节浮运作业流程图

管节出港池段：利用绞车将管节移至港池中间后，先带好前拖和左右舷拖轮，前拖和尾拖采用龙须缆+主拖缆的连接方式，管节 GINA 端左右舷拖轮采用旁拖形式带缆，非 GINA 端拖轮直接带缆顶位就位。管节 GINA 端离开码头约 150m 时带妥尾拖。

航道浮运段：管节非 GINA 端在前，GINA 端在后，自港池口沿造船基地支航道浮运至南沙港区四期粮食码头港池附近，进入广州港出海航道，后转向东南沿特种海洋装备航道浮运，随后设置管节掉头区，管节 GINA 端在前，非 GINA 端在后，调整航向进入新建东航道，浮运至隧址管节回旋水域。在掉头区西侧利用现有水深设置 600m 候潮区，若实测横流超出窗口条件限制，则管节在候潮区临时单点系泊等候窗口期。管节浮运航道两侧全程各设 90m 宽拖轮航道，底高程为 -6.5m。从龙穴港池口门至隧址航程约 21.36km。

（4）拖轮配置。

管节全湿拖浮运作业配置 8 艘全回转拖轮，以满足拖运及操控要求。在设定的风流条件下（横风 6 级，横流流速 0.6m/s，有义波高 0.8m），8 艘拖轮（首尾拖轮 2 艘，左右舷拖轮 4 艘，应急拖轮 2 艘，如图 4.4-2 所示）可以满足湿拖浮运、掉头及管节隧址系泊作业等要求，拖航速度能够维持在2kn(1kn≈1852km/h)左右,并能在3倍编队长度距离内停止运动。其中一艘前拖负责导向拖曳,一艘尾拖根据水流条件辅助拖航,并控制管节姿态、浮运速度以实现管节转向,中间四艘旁拖用以辅助管节的航向稳定及拖曳,另配置两艘应急拖轮。当管节拖运至横流航段后,为克服横流力,迎流侧的旁拖调整姿态提供侧向力,同时为便于控制管节航向,收短各拖轮拖缆长度。两艘应急拖轮随时待命,防止管节漂移搁浅。管节拖航施工见图4.4-3。

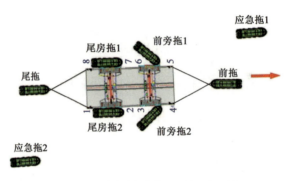

图4.4-2 管节拖航拖轮配置平面布置图

图4.4-3 管节拖航施工

4.4.2.3 自航式沉管运安一体船

(1)航路选择。

深中通道E1-E22管节钢壳内混凝土在珠海市桂山岛预制场浇筑完成,再转运至海上安装。桂山岛至深中通道沉管隧道工程位置直线距离约45km,要途经1.5km的预制场支航道、5.5km的榕树头航道及19.2km的伶仃航道,经过7次航道转换后,才能抵达目的地。标准管节在水中为165m×46m×10.60m(干舷高度为150~300mm)的钝体,迎水面积较大,沉管浮运航道宽度为200~240m,底高程为-13.0m。管节浮运具有距离远、通航环境复杂、航路多样等特点,面临长距离超大体量沉管管节浮运、大横流条件下沿基槽长距离横拖、复杂水文泥沙条件下管节深水沉放对接精度控制等系列技术难题。

深中通道工程附近水域通航环境十分复杂,珠江口水域每天约有4000艘船舶航行,通航船舶与沉管浮运之间可能相互干扰严重,船舶通航和管节浮运存在安全风险。因此,管节浮运航路选择应该遵循便于管节浮运、尽量利用已有航道、减少航道疏浚和尽量降低管节浮运与通航间相互影响等原则。管节浮运航线为预制场支航道→榕树头航道→出运航道→伶仃航道→新建浮运航道→回旋水域区→基槽系泊区,浮运航道总长约47km。港珠澳沉管临时航道宽度和水深均能满足管节浮运需要,是桂山岛预制场管节浮运的必经之路。过马友石灯船后,管节浮运有往广州方向或往深圳方向北上至深中通道隧址的两种路线选择。由于往深圳方向东槽航道线路复杂、转向次数多、转向角度大,不利于管节浮运操作,且东槽航道疏浚范围大,航道维护工作量大,导致东槽航道的疏浚工程量较西槽多约2000万 m^3。深中通道管节浮运航路选择沿港珠澳沉管出运临时航道在马友石灯船附近往广州方向北上入伶仃航道,沿伶仃航道北上至深中主线南侧,横穿中滩至隧址。

(2)运安一体化方案。

现有航道受作业水深影响,拖运距离远,如采用半潜驳等常规方案,面临航道挖泥量大、抛泥距离远等问题,会大大增加施工成本。长距离管节拖运大量施工作业位于海上,既要保障在外海无掩护开敞海域中安全高效作业,还要在施工中实现对海域内水质、沉积物和生物等海洋环境敏感目标全面保护,将对周围海洋生态环境和物种多样性的影响降到最低程度。

目前沉管浮运安装常采用的方式为拖轮拖带浮运安装和自航式半潜船出运沉管安装方案,但深中通道的工程特点使得采用这两种方案存在浮运线路长、沉管运输上下船操作风险大、沉管施工效率低、异常情况下沉管回拖困难、沉管二次浮运、配备大量拖轮、航道挖泥量大、沉管横拖等难题(表4.4-1)。为克服拖航速度慢、航道尺度和疏浚量大等管节远距离运输的困难,针对深中通道工程管节浮运特点和难点提出运安一体化理念,采用集管节浮运、定位、沉放和安装等综合作业于一体的施工作业方式。浮运作业流程见图4.4-4。

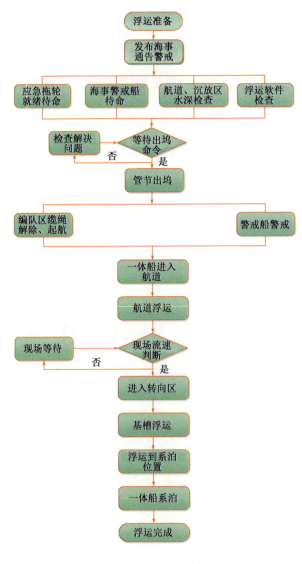

图4.4-4 浮运作业流程图

管节浮运方式比较 表4.4-1

浮运方式	优点	缺点	适用条件
拖船拖带	传统方式;施工经验丰富;浮运设备成熟	占用拖船数量多、时间长;占用水域范围大;拖航速度慢,对通航影响大;航道水深大;拖航过程协调联动风险大;抵抗风浪能力差;不适合远距离浮运	干坞距离隧址有一定距离
运安一体化	仅需少量应急随航拖船;浮运速度快,对通航影响小;船舶性能好,适应性好,所需操作水域小;施工速度快	船管连接拆装、控制要求高;在深中通道工程之前没有先例,需针对深中通道工程专门研发船舶	附近无预制场;远距离浮运
半潜船运输	浮运不占用拖船;浮运速度快,对通航影响小;抵抗风浪能力强;船舶性能好,所需操作水域小;船舶吃水少,航道疏浚量小;现有船舶可满足运输要求	需专门的下潜水域;增加管节装、卸环节,施工难度大;运输、安装需2套设备和工艺;需预定船舶档期	附近无预制场;需远距离、外海、远洋浮运

为降低浮运、基槽横拖、管节沉放对接施工风险,提高沉管管节对接精度,研发了"功能一体、船管一体、结构一体、动力一体"的自航式沉管运输安装一体船,是世界上第一艘集沉管浮运、定位、沉放和安装等功能于一体、具有动力定位和循迹功能的专用船"一航津安1号"(图4.4-5)。该船主船体采用双体船船型设计,装备舾装件拆装设备、DPI动力定位系统、沉管沉放姿态控制系统及船管快速连接系统等集成系统。船体设计采用双体船骑跨沉管的运输安装方式,在艉端和艏端均设置推进器,并装载DPI定位系统,可实现船舶的辅助定位。该船具备航迹追踪及偏移纠偏功能,航迹可保持在85m以内。配有2套9280kW主推进系统和8台大功率侧推,主机和侧推的尺寸、功率均创国内同等设备之最。深水静水工况下拖带165m、72000t标准沉管浮运航速可达5kn,能够抵抗1.6kn横流,可实现原地360°回转,随时转向掉头。配备2台1800kW柴油发电机组,为全船主要设备及锚绞车供电;4台3800kW轴带发电机,为8台艏艉侧推供电。为满足作业要求,主甲板配备2台锚机、8台移船绞车、6台沉管定位绞车、6台沉管提升绞车、8台沉管牵引绞车、2台甲板起重

机、1台杂物吊杆以及其他辅助设备。自航式沉管运输安装一体船攻克了船管连接、自动循迹、抗横流、船管精确定位等关键技术,满足55m宽、165m长、8万t级沉管浮运安装作业,解决了沉管长距离浮运安全风险高等技术难题。

图4.4-5 自航式沉管运输安装一体船"一航津安1号"

港珠澳大桥建设采用多个拖轮协同运输、安装船[49]实施分体式浮运安装方式方案,即将沉管固定在两艘专用安装船上,通过10艘大功率拖船拖拽,驶向海底隧道施工现场,为我国大型沉管隧道安装探索了可行路径。"一航津安1号"在沉管运输安装方式上实现了系统性革新:一是实现了单船拖带安装沉管,可连续完成沉管的出坞、浮运及定位安装等施工作业,施工效率较两艘安装船提升1倍,成本更低。二是可满足目前国内所有尺寸沉管的浮运安装,且预留了功能升级空间,最大可将沉管宽度提升至55m。三是在设计、建造及施工管理系统方面均实现了自主研发,实现了外海沉管机械化、自动化浮运安装作业。

4.4.3 应用效果

管节湿拖浮运方案以满足沉管浮运需要尺度为原则,克服了高低潮位、拖航次数多、时间长、意外事件发生概率高等不利施工条件,保障了沉管安全高效运输。由于管节湿拖浮运的吃水变大,浮运航道尺度需增加,采用管节临时浮运航道与永久特种海洋平台专用航道永临结合实施的方案,最大程度集约利用了出海口通道资源,减小了新辟临时航道的疏浚作业量,同时节省了施工作业能耗,缩短了工期。

自航式沉管运输安装一体船大大增强了沉管浮运安装能力,极大地提高了施工精度和效率。首次将 DP 系统用于一体船循迹航行控制,航迹偏移量控制在 1.8m 范围内,实现了一体船自动航行和定点回转功能,提高了沉管浮运过程中抵抗横流和稳定航行的能力,大幅度减少了临时航道疏浚量。同时解决了深中通道公共航道占用时间超长、疏浚量大和预制厂址难选定等三大相互交织、无法解决的难题,使桂山岛预制设施得以重复利用,大幅度减小了对珠江口航运和海洋生态环境的干扰。通过提升不利条件下安装可控性,降低了反复安装试错的能源、材料等额外资源消耗,降低了运输能耗。相比传统管节浮运安装方式,大幅减少浮运航道疏浚量 1500 万 m^3,节省造价约 9 亿元,大大缩短沉管浮运和航道封航时间,减少随行辅助船舶,具有良好的社会环境效益。

4.5 沉管基础低影响施工

4.5.1 技术背景

随着跨海越江工程的大规模建设,沉管隧道逐渐向长距离、大管节、外海大水深方向发展,外海复杂的气象水文条件、恶劣的施工环境,给管节外海施工造成了极大的困难,同时对沉管基础、碎石整平和清淤的工艺及设备提出了更高的要求。继港珠澳大桥开通之后,国内的沉管隧道工程开始了跨越式发展。作为现阶段大型沉管隧道代表工程,深中通道沉管隧道位于海洋环境中,地质条件复杂,海深浪急,其泥沙含量为港珠澳大桥所处区域的 4 倍,而且回淤强度大,清淤工作量高,采砂区域成槽难度大,深基槽基岩开挖难度大,隧道施工规模大、交叉工序多、工期长,通航安全及环保要求高等系列难题,极具挑战性。

深中通道沉管隧道沉放安装的首道工序,就是隧道基槽处理。深中通道沉管隧道全长

5035m,标准段基槽底宽度为50.0m,最宽段基槽底宽度为59.46m,标准段与最宽段采用渐变方式处理,由50.0m按结构设计渐变至59.46m,底高程为-37.9~-12.8m。槽底高程因垫层厚度不同而发生突变处,采用不陡于1∶10坡度的纵坡进行过渡。沉管隧道基槽开挖、清淤、整平等施工都是隧道基础处理施工中的关键工序。作为世界领先的中国基建实力代表之一,深中通道沉管隧道基础从施工各环节、各部位、各方面进行严格把关,确保施工期环境保护工作有序、高效推进,切实减少施工过程对海洋环境的不利影响。

4.5.2 关键技术

4.5.2.1 技术概要

沉管隧道多处于深水、深厚软土地基的施工环境,周围水域多为海况复杂的海域,过往船舶数量大,具有管节长度长、水深大、管顶回淤厚、岛隧结合部受力和施工复杂、地基软弱且不均匀、沉降控制难等特点[50]。对沉管隧道而言,差异沉降是造成沉管管段间漏水的关键因素之一,而差异沉降控制与管段间剪力键、止水设施设置以及剪力键承载能力密切相关。为确保沉管隧道安全运营,沉管隧道基槽开挖必须在适应较大挖深工况下实现精确开挖,从基础首道工序上消除产生不均匀沉降的可能,对确保在约定工期内高质量完成深中通道工程建设至关重要。深中通道沉管隧道采用DCM法进行沉管软基部分处理,局部区段(E7~E13)地基凿岩处理,基槽粗挖和精挖后,进行二片石找平层抛填和先铺法碎石垫层基础铺设。管节采用钢壳混凝土结构,沉管浮运安装后采用碎石锁定回填、块石覆盖回填。

4.5.2.2 施工流程

沉管隧道基础施工工艺流程如图4.5-1所示,主要包括开挖、整平、清淤等步骤。

由于工程处于珠江口回淤区,部分沉管区域遍布极为坚硬的花岗岩,整体基础施工的地质条件可类比于"豆腐中掺杂着骨头"。沉管隧道基础开挖前通过"金建"轮凿岩船进行碎石操作,利用船上35t重的凿岩棒以850m/min的自由落体运动冲击力进行撞击开凿。凿碎的岩石由"金雄"轮抓斗船进行清除,重达110t的抓斗以每次30m³泥石的工效清理出地基基坑。为确保沉管隧道基槽开挖质量满足高标准要求,基槽开挖采用了不同的施工工艺与设备,包括上层开挖(也称粗挖)、槽底及边坡成型区精挖,槽底及边坡设计线以上2～3m厚度泥层采取精挖方式,其他均采取粗挖方式。受地质环境的影响,还需对水下基层进行基础加固,"四航固基"号DCM船,在基槽底部打入深层水泥搅拌桩,将水泥或水泥固化材料按一定配比添加到基床的软弱黏性土中,同时进行强制搅拌使其混合,借助化学固化作用,在地基中形成坚固稳定土。接着用水下3D碎石整平清淤船平整基槽,并铺设碎石,为沉管沉放创造条件。

图4.5-1 沉管隧道基础施工工艺流程

4.5.2.3 基槽开挖

深中通道沉管隧道大部分位于砂层和淤泥质土层,部分位于中风化—全风化花岗岩地层,硬质风化岩占基岩开挖总量的16.3%。沉管铺设所处海域有30万m²的全风化花岗岩,这些岩石高低不平、坚硬无比,因此必须进行破碎处理,为深中通道沉管隧道施工扫除第一道"拦路石"。岩石破碎通常采用机械法、水下爆破和凿岩棒开挖等方法。传统的机械法受水深、施工设备、岩层强度等条件限制,很难满足开挖要求。水下爆破是爆源置于水域内与水体介质相互作用的爆破,使用专门针对水下爆破的器材。水下爆破相较于岸上控制爆破技术来说,还不够完善。水下施工环境复杂，水下爆破易受影响，难以达到预期效果。而且，水下爆破会对隧道处构筑物、水下环境产生影响，影响河道航运。工程所在的珠三角海域生活有上千头中华白海豚，爆破产生的冲击波会对白海豚栖息地造成较大程度的干扰和影响。

针对深中通道槽底硬岩，专门设计了环保凿岩船"金建"轮，采用抓斗船配备"凿岩棒"技术取代炸礁施工开挖硬底质，在抓斗船的起重机上装上铸钢制造的凿岩棒，施工时将其提升到一定高度后自由落下。依靠重力作用冲击槽底基岩带岩体，产生的重力势能远大于浮阻力，冲击破碎海底花岗岩岩体。"金建"轮配备有35t楔形凿岩棒及挖岩专用抓斗（图4.5-2）。为了能够精准地击中海底岩石，"金建"轮通过4根船锚固定船身，配合安装在8杆顶部的卫星定位系统，实时将数据反馈到船上，形成3D图像，从而将开挖精度控制在50cm范围内。通过定点定深凿岩、岩层精确开挖施工，实现对深水基槽强中风化岩处理。

 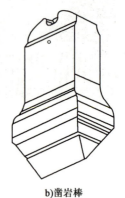

a) 凿岩船"金建"轮　　　　　　　　　b) 凿岩棒

图4.5-2　抓斗船使用凿岩棒施工

当岩石击碎后，"金建"轮的搭档抓斗挖泥船"金雄"轮号负责将击碎的岩石抓起。"金雄"轮是国内首艘具备定深平挖的大型精挖抓斗船（图4.5-3）。"金雄"轮要在完成上层"粗挖"任务后，在粗挖作业面下"二次施工"。船上配置重达100t的抓斗，并配备了自主开发可视、可控、可测的精挖监测系统，使"金雄"轮施工具有程序化、智能化、数字化的特点，开挖精度严格控制在 50cm 以内,解决深海作业"看不见""控不住"的技术难题。挖泥手只需在挖泥室的操作控制面板输入挖深数据,就能准确控制挖泥过程,并能及时捕捉获取抓斗的挖泥轨迹,准确检测出抓斗船下放的实时数据,完成精挖这项"海底绣花"绝技。

图 4.5-3　专用精挖船"金雄"轮

4.5.2.4　地基处理

采用 DCM 工艺,通过调整水泥的掺入量和强度等级,获得需要的处理强度等级。整个处理环节采用机械操作,施工管理可靠。施工管理采用成熟的工业自动化控制技术,依靠工程电脑、自动控制设备及各种传感器,通过软件编程,实现施工中各种动态逻辑控制,确保成桩过程中施工参数精确性,提高 DCM 桩体质量。可实现软土原地固化,无海水污染和二次公害。

随着国产设备开发和投入使用,以往限制国内 DCM 方案应用的造价高、设备缺乏等问题都得到了解决。DCM 方案的施工流程为先加固后开挖,对复杂地质的适应性较好,无须堆载预压,施工工期短,可消除液化,抗震性能好,与岛上段隧道地基的刚度过渡比挤密砂桩 SCP 好,是深中通道地基处理的首选方案。但在管节施工中,若 DCM 桩身垂直度、水泥浆性能等质量指标控制不严,将会影响成桩质量,导致局部管节沉降过大。

深中通道沉管隧道采用 DCM 复合地基 + 组合基床及天然地基 + 组合基床方案,是世界首次大范围采用 DCM。搅拌桩沉管地基处理,成桩质量保证率提高至 95%。西人工岛斜坡段采用 DCM 复合地基进行软基处理配合块石振密方案(图 4.5-4),中间段区域采用 DCM 短桩复合地基配合块石振密工艺,其他区域采用块石换填夯平或天然岩基的处理方案,整体地基处理形式灵活,经济可行,具有良好的沉降控制效果。

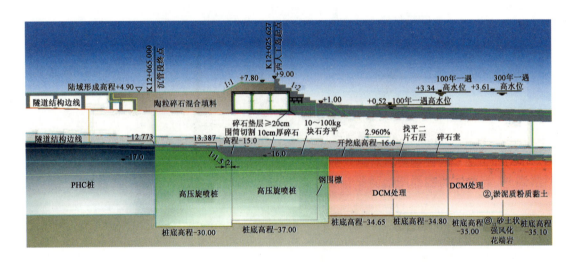

图 4.5-4　西岛岛头基础处理示意图(高程单位:m)

深中通道沉管隧道地基处理如图 4.5-5 所示,首先铺碎石垫层,沉管着床后可以立即回填,通过监测与清淤可确保不出现回淤过大的重铺风险。组合基床采用振密块石 + 碎石方案[51],配备先进施工管理系统的块石振密船和碎石整平船,实现参数自动化控制,块石振密率控制在 20% 以内,顶高程 ±30cm 偏差范围内测点合格率超过 95%。碎石垄平面高程偏差满足 ±4cm 的要求,高程测点合格率达 98%。

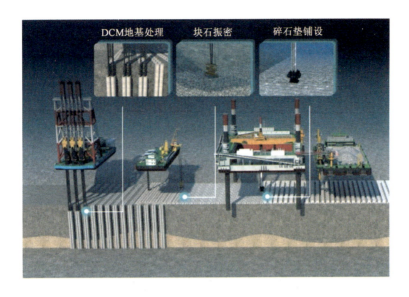

图 4.5-5 沉管隧道地基处理

4.5.2.5 基槽清淤[52]

为保障管段沉放后能够达到准确的设计高程和坡度,需要清除管底与基槽间的淤泥,以免管段产生过大的浮力。若处理管段基础后与管段沉放时间有较长间隔,可能会产生回淤现象,需要再次清淤处理。深中通道沉管隧道位于海洋环境中,地质条件复杂,海深浪急,泥沙含量为港珠澳大桥所处区域的 4 倍,而且回淤强度大,清淤工作量高,存在隧道施工规模大、交叉工序多、工期长、通航安全及环保要求高等难题,极具挑战性。

隧道基槽大部分管节精挖通常与粗挖间隔一定时间,精挖基床面将不可避免地淤积一定厚度的浮泥或粗挖残留物。为确保基槽精挖施工质量,减少淤积物随精挖施工落淤至基床槽底,在每个管节基床精挖开始前,需根据多波束测量结果安排清淤施工。

(1)耙吸船清淤。

对于精度要求不高、作业面受限不大的清淤作业,可以采用大型耙吸船施工。针对开挖地层较为软弱的淤泥层、沙土层地段,深中通道研制了抓斗船粗挖+耙吸船精挖的方式开挖隧道基槽。装舱溢流施工作业时将耙吸船(图 4.5-6)航行至基槽开挖区域,通过离心式泥泵将挖泥耙头扰松的泥土利用负压吸入泥舱内,待泥浆装满到调定舱容后,为增加装舱土方量,持续一段时间溢流,合理控制溢流时间,大大降低开挖基槽产生的入海泥浆量。为确保槽底全覆盖清淤,在涨退潮流速较小时顺槽进行精确清淤,在涨退潮流速较大时垂直槽进行精确清淤。

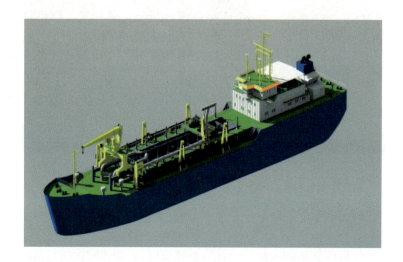

图 4.5-6 大型耙吸船

耙吸船配备有显著提高疏浚效率与精度的动态定位和动态航迹系统(DPDT)及挖泥轨迹显示系统(DTPS),如图 4.5-7 所示。通过计算机实时计算控制艏侧推、可调螺距桨及舵产生适当推力和转矩,抵消水流影响,使挖泥船尽可能在设定的船位、艏向或预定航迹疏浚施工,实现基槽边坡精确清淤。

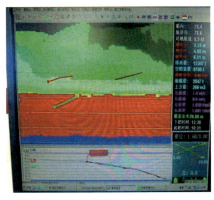 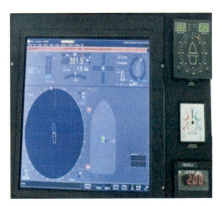

a)DTPS系统显示界面　　　　　　　　b)DPDT系统控台

图 4.5-7　DTPS 系统及 DPDT 系统

（2）定点盖章式清淤。

目前国内外基槽清淤工程多属于浅水域施工，深基槽清淤工艺研究尚不成熟。在作业空间受限的情况下，基槽清淤施工不适合采用耙吸船。为此，深中通道应用精度控制高的定点清淤船"捷龙"轮（图4.5-8），采用定点盖章式清淤工艺，清淤泥泵功率达到7000m³/h，满足工程强回淤的特点。"捷龙"轮采用六锚定位，垂直于基槽，定点盖章式定点清淤施工。施工时，利用清淤监控系统的泥浆密度显示和水深测量装置进行清淤施工监测。当清淤点浓度和水深达到设计要求后，通过移至收放锚缆，移动船舶至下个清淤点。系统会记录清淤轨迹，完成单点清淤后，操作人员可根据清淤覆盖情况，进行局部加密补吸。

为最大限度避免吸淤头下放过程中对基槽槽底面造成撞击破坏，吸淤头与桥梁架采用铰接结构连接，通过液压装置实现吸淤头平稳收放。在施工过程中，通过安装在吸淤头上的触底感应装置，一旦吸淤头接触到基床，操控室触底感应装置即时亮灯，不再继续下放，既保障了清淤效果，又更好地保护了吸淤头和基床面。"捷龙"轮配置的新型多功能清淤吸头装置可用于多种工况，创新利用基于恒压技术的清淤防损系统和触底保护装置，实现各基础工序前高精度清淤。

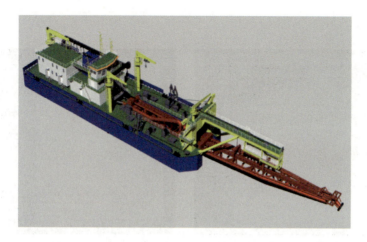

图 4.5-8 专用清淤船"捷龙"轮

4.5.3 应用效果

在沉管隧道基础施工采用一系列先进的低环境影响施工技术和装备,从隧道基础开挖、整平、清淤等施工工序全过程保护伶仃洋海洋生态环境。"金建"轮采用深水凿岩棒工艺将凿岩改"炸"为"凿",相较于水下炸礁凿岩船产生的冲击波和振动波较少,引起水中悬浮沙增量少,大幅降低了对海洋生物和水体环境污染风险,同时有效避免爆破作业对地质稳定性及矾石水道过往船舶安全影响。"金雄"轮通过搭载智慧系统的定深平挖施工作业,增加精挖的可测性和可控度,克服外海无掩护条件下风浪流对抓斗船施工精度严重影响,减少对海底施工空间的环境扰动,并大幅减少对底栖生物的破坏。DCM桩沉管地基处理工艺将成桩质量保证率提高至100%,采用振密块石+碎石方案解决了沉管隧道纵向刚度协调问题,降低水下施工作业和运输船舶对珠江口水下环境的扰动,最大限度减少工程施工对白海豚、江豚、鱼类、底栖生物等海洋生物的不利影响。采用耙吸船清淤和定点盖章式清淤,有效提高了清淤效率与精度,提升了开挖效率,减少不必要的疏浚工程量,降低疏浚土的处置规模和运输能耗。根据相关水质监测结果,2021年大部分基础施工已完工时,全线海域悬浮物浓度平均值为8.12mg/L,符合Ⅰ类海水水质标准,沉管基础低影响施工技术应用环境保护效果显著。

4.6 隧道节能通风照明

4.6.1 技术背景

深中通道为国家高速公路网项目,设计交通量超过100000pcu/d,其中重型货车比例较高,且货物种类多样,火灾诱因多。目前双向8车道高速公路海底沉管隧道世界上没有先例,采用两孔一管廊的断面形式,断面宽度达到46.0m(比港珠澳大桥双向六车道沉管隧道宽约9m)。隧道东侧机场互通立交与主线隧道交汇,隧道内多处分合流,渐变段隧道截面变化显著,特别是在深圳侧机场互通地下枢纽渐变段加减速车道,达到双向十二车道,且纵坡较大,气流组织复杂,匝道段曲率半径小,排烟疏散难度大。因此隧道运营安全及防灾救援问题突出,对火灾排烟及应急救援提出了极高要求。此外,隧道运营期通风和照明均会产生巨大能耗,作为百年品质工程,采用通风照明节能减排技术更具有巨大的应用潜力。

4.6.2 关键技术

4.6.2.1 技术概要

特长水下隧道的运营通风及排烟方式是影响或制约隧道总体建设方案的重要因素之一,

也是运营期确保安全的重要措施。深中通道工程需要解决的关键技术问题之一体现在通风方案和防灾方案上。我国特长公路隧道,特别是水下隧道运营通风、防灾方面的经验较少,为此深中通道对隧道通风、防灾技术开展了专项攻关,以确保运营通风、防灾系统安全、经济、合理,避免不安全因素和设计浪费。

隧道照明光环境与隧道行车安全密不可分。据调查分析,隧道出入口路段危险状况远高于其他路段,正午与夜间隧道内外光环境差异大、危险性较高。针对人造光源与自然光源色温和亮度等特性差异及隧道中间段照明光环境质量,并兼顾照明光环境运行安全与耗电平衡,工程从灯具节能和控制系统提升等方面提升深中通道超宽断面沉管隧道行车照明光环境营造技术。

因此,结合深中通道工程所处地理区域和海中特长隧道特点,通过开展通风照明关键技术研究与应用,在保证安全的前提下,合理控制工程投资、减少运营费用、提高运营效率、节约能源、保护环境。

4.6.2.2 隧道通风排烟系统

深中通道沉管隧道中部设有沿隧道纵向的集中排烟道,隧道行车方向左侧侧壁设置排烟口,排烟口3个1组,与中部纵向排烟道相连(图4.6-1)。根据深中通道沉管隧道结构特点,行车主洞采用纵向全射流通风+重点排烟方案,行车主洞通风系统通过射流风机和隧道内活塞风作用实现隧道内通风换气功能,保证隧道行车的安全性和舒适性。在隧道出口污染气体由洞口集中排出,造成隧址区污染气体浓度超标,通过东、西人工岛在隧道出口侧设置风塔将污染气体集中抽取,高空排放(图4.6-2)。独立排烟系统利用排烟风机经辅助排烟道将侧向集中排烟转换成顶部集中排烟,通过东、西人工岛风塔排出,达到控制烟雾扩散、保障人员逃生的目的。

图 4.6-1　超宽沉管隧道横向联络排烟通道

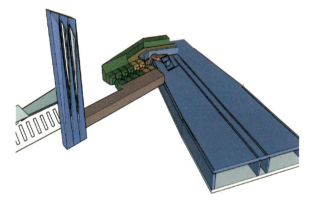

图 4.6-2　岛上风塔与沉管隧道相对位置关系立体示意图

行车主洞安全通道采用正压送风方案,在正常运营工况下通过东、西人工岛的加压风机实现通风换气功能,保障人员检修需要。火灾工况下通过东、西人工岛的风机房及安全通道内设置的加压风机和调压风机,对事故隧道正压送风,防止火灾工况下烟雾进入安全通道,保障人员逃生及救援工作需要。

匝道隧道正常运营工况下采用纵向全射流通风方案,火灾工况下采用排烟道集中排烟方案,在E、F匝道交会段设置集中排烟道集中排烟,通过排烟风机进行重点排烟。匝道隧道逃生楼梯采用加压送风方案,在匝道隧道疏散楼梯间设置加压送风装置,实现火灾工况下正压送风功能。

通风系统设计采用半刚性管节结构,限制节段张开,提高防水安全度,有效控制隧道主行车孔及排烟道通风、排烟的漏风量,提高隧道通风运营功效。

隧道通风排烟系统通风设施包括隧道环境检测设备、行车主洞正常运营通风系统、行车主洞独立排烟系统、安全通道通风系统、匝道隧道正常运营工况通风系统等。

(1)行车主洞通风系统。

采用纵向全射流通风加洞口分流型排风的通风方案。岛上设置风塔,对隧道内污染气体集中高空排放。东、西人工岛风机房分别设置轴流排风机房,轴流风机房设置4台,近期3用1备,远期使用4台。近期190台射流风机,远期增加92台37kW双向可逆射流风机,沉管段4台一组布置,在中山侧隧道排风口与暗埋段出口间及隧道入口均设置6台一组。匝道隧道共设置36台。风机最低安装高度为1.5m,在射流风机出口侧安装导流装置,提高效率3%左右。对隧道洞口遮光棚形式进行深入研究,分析确定隧道洞口遮光棚设置形式,将隧道洞口污染气体串流量由31.82%降低至2.09%,大幅度降低了通风系统运营能耗。

(2)行车主洞独立排烟系统。

独立排烟系统采用重点排烟系统,如图4.6-3所示。隧道在中间管廊上层设置独立的排烟道,排烟道全线贯通与东、西人工岛排烟风机相连。横向排烟道设置间距为沉管段165m,侧壁排烟口81m和84m,单洞净空面积为133.4m²,排烟道有效面积大于15m²。首创的侧向集中排烟转换成顶部集中排烟模式(图4.6-4),通过设置顶部集中排烟道提高排烟效率42%,节约排烟道面积1.5m²,降低造价约10亿元。横向烟道采用钢结构节段式制作方案,2m一个节段,为密闭金属烟道。

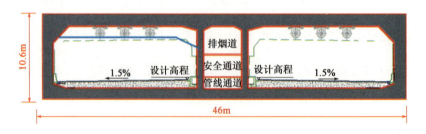

图4.6-3 隧道行车主洞独立通风排烟构造图

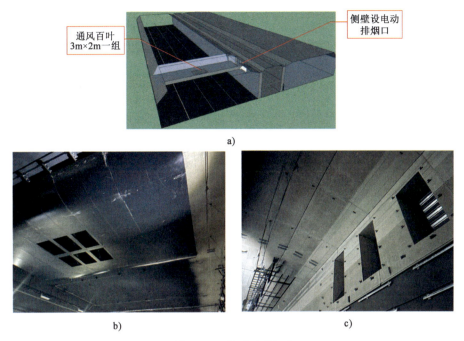

图 4.6-4　顶部集中排烟道

(3) 匝道隧道通风系统。

沿匝道隧道采用隔板式烟道,设置集中排烟道,在主匝道中部和与分流段交汇处分别设置电动排烟口(图 4.6-5)。匝道隧道正常运营工况下通过射流风机进行通风换气,洞口设置 37kW 射流风机。在楼梯间和前室分别设置机械加压送风系统,保证前室与隧道之间的压差为 25~30Pa,楼梯间与隧道之间的压差为 40~50Pa。在东、西人工岛分别设置 2 台 45kW/380V 轴流加压风机,每隔 500m 设置一处 15kW/380V 辅助射流加压风机,保证事故区域安全门对事故隧道的压差为正压 30~50Pa。

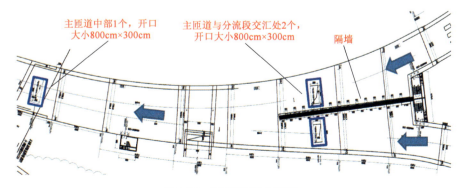

图 4.6-5　匝道隧道电动排烟口

(4) 智能通风控制。

隧道运营通风方案主要根据隧道需风量及防灾要求等确定,隧道运营通风系统装机功率和运行功率与隧道设计风量的3次方成正比。隧道需风量确定是否合理将决定隧道运营安全与经济性。隧道需风量的计算取决于多种因素及参数取值,包括纵坡对汽车有害气体排放的影响值、CO和烟尘有害气体基准排放量、有害气体基准排放量递减率、车型系数、不同服务水平分级下的实际行车速度等。通过隧道内车辆平均行驶速度、废弃物排放量、风机开启方案三者之间的最佳匹配,实现沉管隧道智能通风。

4.6.2.3 隧道节能照明

深中通道隧道总长6.8km,单洞跨度达32m,属于超宽断面隧道。目前已通车运行的超宽断面隧道照明灯具配光均采用适合传统单向双车道隧道的照明灯具,没有考虑超宽断面隧道照明的配光设计。工程远期高峰小时交通量达2790veh/h,且大货车占比约为50%。在超宽断面采用单向双车道传统偏两侧对称布灯方式会导致两侧车道上大车遮挡照明光线,中间车道照明质量差,影响驾驶员安全驾驶。

(1) 长寿命变色温灯具。

通过对不同色温条件下隧道入口段亮度折减系数取值情况分析,选取不同色温进行调控时,隧道内对应的亮度调控目标值也不相同。因此,在隧道调光过程中,调控色温的同时应保证隧道内亮度调控的合理性,即调光控制过程中隧道内亮度指标始终在理论调光曲线之上,以保障驾驶员行车安全性。根据沉管隧道单向四车道的空间结构特点、交通流和日照条件等变化规律,设计采用针对性配光的LED照明灯具,通过对加强照明亮度、色温指标的二元精细化调节,实现隧道照明安全性与节能性的平衡。

考虑不同工况需求、天气、时段等隧道光环境,通过控制系统调节3000K和6500K的亮度,实现色温、亮度变化,使人造光环境与自然光环境相协调,保证隧道光环境安全、稳定和舒适性,并实现有效节能。采用发光效率高的LED变色温灯具,光源使用寿命大于50000h,灯体兼顾散热性和安装可调性。壳体采用专用散热铝型材料,表面经铬化处理后喷涂户外专用塑粉,增大灯体宽度,降低齿片高度,使之更容易散热,壳体最热部位温度小于135℃。灯具安装角度可调,满足直线隧道和曲线段的安装要求,便于沉管隧道内的高效施工。从全生命周期考虑,长寿命变色温灯具还兼顾后期运维管养的实际情况:灯体与支架只需松动两只螺母即可分离,维修更换便利,采用一体化反光罩,增加光强利用率;采用无螺栓灯体设计,减少因震动发生螺栓松动脱落的现象,减少运维操作;采用透光率97%以上的镀模钢化玻璃,清洗维护方便;电源线、信号线均采用航空插头,避免接头氧化,更换方便;针对沉管隧道所处海洋气候区,灯具满足湿度0～95%环境条件;灯具与电源采用分体式设计,电源和灯具之间采用防水电缆连接,易清洁、耐冲洗。

(2)智能调光控制。

随着自动控制技术发展,公路隧道照明自动控制逐渐替代了手动控制和时序控制方式。自动控制系统根据洞外实际亮度调节洞内亮度,并对灯具工作状态进行监控,在合理范围内关闭不必要的照明灯具。深中通道沉管隧道照明采用智能调光控制技术,主要包括变色温灯具、RS485通信总线、调光控制器、工业以太网及本地自适应控制器、隧道智能照明调光控制软件等。

通过采用隧道照明智能调光控制技术,搭建隧道智能调光算法、数据修正和数据准确性检测算法,实现隧道本地自适应联网协同控制。照明系统采用脉宽调制数字信号方式进行二次反馈控制,实现对照明光衰的优化节能补偿,工作原理如图4.6-6所示。

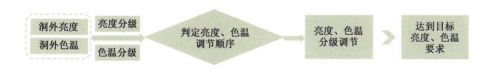

图4.6-6 隧道照明智能控制实现过程

4.6.3 应用效果

根据深中通道沉管隧道实际情况及面临的通风排烟、防灾救援等难题,采用纵向全射流通风+重点排烟方案,解决了超长、超宽沉管隧道火灾排烟难题,大幅度增加排烟效率及人员疏散可用时间。采用隧道通风智能控制等综合节能技术,大大提高了通风设备的有效利用率,降低隧道通风排烟的运营能耗,增加了行车安全舒适度,全方位保障隧道火灾有效排烟效果。

综合考虑深中通道沉管隧道出入口所处的地理位置、自然环境条件,进行隧道出、入口段及过渡段的精细化照明设计,保障设计速度下路面亮度、亮度均匀度、亮度折减系数等要求,实现人造光源特性与自然光源的"友好"耦合,满足隧道出入口段交通运行安全、稳定和舒适的照明质量要求。采用LED变色温灯具,并通过优化照明供配电系统、精准调光、反光设计等实现提高转换效率、降低线损的目的,提高光源输出有效利用率,大幅降低隧道照明系统运营能耗。

5 海上人工岛绿色建造关键技术

西人工岛作为深中大桥和海底沉管隧道之间的过渡转换,设有隧道管理站、救援站、养护站、监控分中心、科普展览馆等。根据使用功能需求,考虑有限的对外服务功能,西人工岛设置主线进出岛道路,主要用于管养、救援车辆通行。西人工岛长625m,宽175m,岛壁结构总长度为1548.5m,岛体面积为13.7万 m^2,相当于19个国际标准足球场,是当今世界钢圆筒围壁形成的最大人工岛。西人工岛采用国际方案竞赛优胜成果,岛形为类菱形风筝造型,集交通功能、水利防洪、施工便利、运营维护及景观美学性于一体。西人工岛建设运营中采取了硬土层辅助贯入施工、钢圆筒振沉快速成岛和绿色建筑设计等独具特色的绿色建造技术,很好地丰富了我国绿色公路建设技术体系。

5.1 硬土层辅助贯入施工技术

5.1.1 技术背景

大直径圆筒已成为人工岛成型的首选结构形式。这种结构形式可避免开挖地基,无需抛石基床,能适应水深浪大的恶劣环境,具有施工快捷、工序简单、耐久性好等特点[53]。但在钢圆筒打设过程中,筒内砂层会发生振密效应,致圆筒结构下沉困难,强行打设容易造成钢圆筒结构破坏。由于圆筒结构较易穿过淤泥质黏土层,不易穿透亚砂土和砂土层,钢圆筒下方不均匀的复杂地质条件难以满足圆筒下沉的垂直度等技术要求。因此,亟须解决薄壁钢圆筒的下沉施工问题。

深中通道西人工岛工程钢圆筒振沉区域地形平坦,但受采砂及航道疏浚的影响,浅层软土分布不均匀,层位不稳定,粉质黏土中夹中粗砂,厚度在 0~9.1m 起伏变化;底部基岩为全风化~微风化花岗岩,个别为花岗闪长岩。主要有3种典型复杂情况在大圆筒沉筒前需对硬土层进行处理:①振沉垂直范围内中间夹有9m厚的砂层,局部标准贯入击数较大,依靠筒和锤组的自重无法自沉穿透;②振沉平面范围内一侧无夹砂层,另一侧有4m厚、标准贯入击数14~27击的夹砂层,易造成筒体倾斜;③风化岩岩面高程为 -39.55~-29.80m,岩面起伏变化大,岩面倾斜,易造成钢圆筒左右或前后倾斜及打设变形。

针对现场实际情况及钢圆筒下沉施工问题,综合考虑海洋环境保护、节能减排、施工安全、施工成本、施工效率等因素,深中通道研发了硬土层辅助贯入施工技术(Deep Slurry Mixing,简称 DSM)。该技术采用喷水或喷射泥浆的方式,在钢圆筒振沉前对深厚砂土层进行预处理,使钢圆筒容易打入,但又不会导致结构失稳,可为外海大型人工岛工程建设提供技术参考。

5.1.2 施工工艺

5.1.2.1 技术概要

DSM 技术采用逆向思维,由 DCM 施工工艺改造优化而成,将 DCM 专用船上的水泥浆系统改造为泥浆系统,形成特种专业施工 DSM 船(图 5.1-1),辅以精确定位系统和自动施工管理系统。采用 DSM 船对钢圆筒所处的水下硬土层地质进行处理,通过船舶上处理机驱动传动轴、搅拌轴和钻头旋转,带动搅拌翼搅拌,使沙层松散,同时不断将膨润土或黄黏土与海水搅拌而成的浆体以一定压力在沙层喷射,进行地质改良,软化和松动硬土层;依靠处理机自身重力和搅拌轴钻头切削力共同作用,贯入土层直至持力土层或设定深度,实现钢圆筒振沉作业[54]。

图 5.1-1 DSM 处理船

DSM 船型长 70m,型宽 30m,总吨位 3359t,满载吃水 2.5m,满载排水量 5013t。DSM 船配备的测量定位系统可实时显示桩位图形、船位图形、桩位坐标数据、平面偏差数据、船舶方位角数据、船甲板高程数据及桩架垂直度数据等信息,测量精度高,满足全天候施工作业要求。DSM 船配备的施工管理系统可实时显示处理机钻杆转速、贯入速度、提升速度、每根钻杆电流值、处理机提升卷扬电流值及泥浆泵喷浆量等数据,自动化程度高,可自动记录施工数据,绘制施工曲线图。

DSM 船具有自动化程度高、测量定位准确、可全天候作业及安全环保等优点。由于处理机钻头在泥面下作业,泥浆不在水中溢流,施工噪声小,利于环境保护。

为适应西人工岛复杂坚硬地质条件,对施工船舶处理机钻具进行创新设计,研发新型钻具(图 5.1-2)以降低设备磨损率,保证采用 DSM 技术的硬土层辅助贯入施工顺利进行。新型钻具通过变径接头与原装处理机上两端法兰的钻杆连接,钻具四周贴耐磨片,在钻头下端设 2 个侧向喷浆口和 1 个底部喷浆口。钻头底部绞刀外伸 0.15m,增强贯入能力,防止底部喷浆口橡胶板磨损。

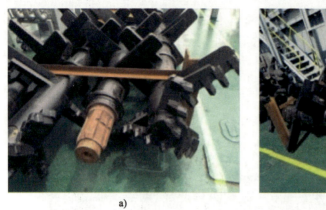 

a)　　　　　　　　　　　　　　　b)

图 5.1-2　DSM 处理船新型钻具

5.1.2.2　应用原则

在充分调研国内外研究现状的基础上,结合深中通道西人工岛具体的地质情况,根据钢圆筒振沉典型施工经验,研究确定钢圆筒地层采取 DSM 技术处理的原则[55]包括:

①当沙层厚度大于 4m 时,需处理;

②当沙层厚度为 2~4m,标准贯入击数 N 值大于 20 时需处理,N 值小于 20 不需处理;

③当沙层厚度为 1~2m,标准贯入击数 N 值大于 25 时需处理,N 时小于 25 不需处理;

④当沙层厚度小于 1m 时,不需处理;

⑤当距筒底 2/3 高度的位置位于持力层(包括沙层、圆砾、花岗岩等地质)上时,需处理。

5.1.2.3　工艺流程

硬土层辅助灌入施工以 DSM 船为工作平台,主要工序包括精确定位控制和喷浆搅拌法处理硬土层两大环节,具体施工流程如图 5.1-3 所示。

(1)精准定位控制。

测量人员对偏位动态进行实时监控,测量定位系统实时显示平面偏移数据。船舶操作人员通过锚机操作,使处理机中心与桩位中心接近重合,平面偏差控制在 100mm 内,收紧锚缆,使船舶稳定。

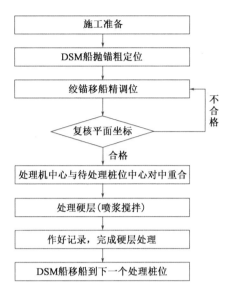

图 5.1-3 DSM 船穿透砂层施工流程图

处理机钻头下喷浆口与水面相平时归零,深度设定为 0。测量人员通过测量定位系统测出船首甲板高程,同时实时校核潮差。根据实测船舶甲板至水面高度,得出归零点高程。通过调节 DSM 船压舱水实现对处理机钻杆垂直度控制,安装在处理机上的倾角传感器实时监控钻轴垂直度偏差。

(2)喷浆搅拌法处理硬土层。

待处理机定位和归零完成后,处理机钻头开始贯入处理作业,通过可控的旋转速度、钻进速度和喷浆速度,确保处理地基和泥浆均匀搅拌,达到处理后预定的强度,待处理机钻头到达处理沙层底高程后,停止喷浆,反转提升。将处理机提出水面,检查钻头有无磨损后再移船至下一个桩位作业。

5.1.2.4 施工方法

(1)平面布置。

深中通道钢圆筒平面布置如图 5.1-4 所示,钢圆筒振沉施工首先对 X19、X21 钢圆筒沙层处理,之后完成其他钢圆筒所处的沙层地质处理。

图 5.1-4　钢圆筒平面布置图

钢圆筒直径 28m，DSM 单桩截面积 $4.64m^2$，如图 5.1-5 所示。考虑 DSM 船处理机布置间距，设置 40 根桩可布满钢圆筒圆周，满足施工要求。

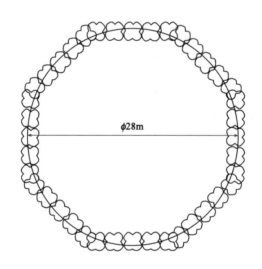

图 5.1-5　单筒 DSM 桩布置图

（2）施工准备。

通过地质勘测结果进行地质分析，掌握地质变化特点，依据土层的标准贯入击数和厚度制定处理控制条件,结合大直径圆筒预沉位置,确定最终的 DSM 处理方案。

(3)穿透砂层处理。

DSM 船通过实时测量定位,对设计详勘点和补勘点进行夹沙层和底部沙层处理。为取得精确对比数据,处理机中心与点位中心基本重合。为便于 DSM 船抛锚驻位可以有最大限度处理量,满足钢圆筒尺寸与处理机的相对位置,采用"八"字锚布置,利于船舶移动流水线作业。

将搅拌好的膨润土泥浆输送至处理机储存罐,经输送泵将泥浆输送至处理机喷头处进行喷浆处理,正转贯入淤泥土层。根据勘探地质柱状图分析,当钻头开始进入夹沙层时,降低贯入速度,将搅拌好的泥浆输送至处理机储存罐,经输送泵将泥浆输送至处理机喷头处进行喷浆处理。对处理机电流和钻头高程实时观察,根据电机电流的实时变化调整钻杆的贯入速度和转速,土层变化时尤其注意处理机电流变化,随时控制钻头贯入速度。

钻头到达夹沙层底部处理 2min 后,开始反转提起,边提起边喷浆;随着高程提升,适当提高钻头提升速度,直至离开泥面,完成夹沙处理作业,并做好各项参数记录。

(4)复勘。

勘探船对沙层处理完毕的勘探点进行复勘。上部淤泥质软土地层选用标准贯入器,采用重锤少击法一次性压入穿过淤泥层直达夹沙处理层。夹沙处理层选用标准贯入试验进行力学性能测试,得出标准贯入击数。

深层钻进时,由于外海勘察区域地质条件较差,孔深范围内全部采用人工造浆护壁。标准贯入试验土样及时密封,送往试验室进行地质土样判定,验证处理效果。

钢圆筒打设完成后,对筒壁周边土体固结变化情况进行继续观测。具体方法为:钢圆筒打设完成 15d 后,对已经过 DSM 处理的土体进行钻孔勘探,对勘探标准贯入击数及取样进行对比,分析土体标准贯入击数变化速率,直至筒壁周边土体与附近未经 DSM 处理的土体基本一致时停止观测。

5.1.2.5 技术参数

通过对试验和施工中得出的数据进行分析,确定泥浆配合比及密度,优化各项施工控制指标,总结形成 DSM 法推荐技术参数(表5.1-1),为后续类似工程提供参考。

DSM 法推荐技术参数　　表 5.1-1

技术参数	单位	取值
贯入转速最大值	r/min	20.2
提升转速最大值	r/min	35
处理机施工最大电流值	A	180
处理机额定电流值	A	200
水下和泥层贯入速度	m/min	1.4~2.1
砂层贯入速度	m/min	0.2~1.4
提升速度	m/min	1~1.9
泥浆密度	g/cm^3	1.43
输浆泵流量	L/min	300~350

5.1.3 应用效果

DSM 技术在深中通道西人工岛钢圆筒振沉区域得到了成功应用,实现了在外海施工条件下处理桩位平面位置偏差不大于 100mm,垂直度不大于 1% 的高精度要求。通过这项技术的研发与应用,确定和优化了施工参数,形成了一套成熟的处理工艺流程、施工质量控制方法及处理质量检测方法。

深中通道采用 DSM 新型地基加固技术,与传统置换技术相比,大幅减少了水下开挖量,施工持续时间短,作业船舶采用单一设备,对海洋生物和水体环境扰动小,最大限度降低了对海洋水质的污染,具有显著的节能环保优势。

DSM 技术与钢圆筒施工工艺相结合,满足不同复杂地质条件下的施工要求,可用于对水下硬土层平面精度、桩位垂直度、处理深度要求高及环保要求高的水上桥梁工程、外海人工岛工程、防波堤工程和海上风电工程等,具有良好的推广应用价值。

5.2 钢圆筒振沉快速成岛技术

5.2.1 技术背景

现代化人工岛建设始于20世纪60年代,美国、西欧国家和日本均广泛并深入地开展了研究,对多个离岸深水港、海上电厂、外海工业园区等项目进行了可行性研究和数学、物理模型试验,并陆续建成了一批人工岛。人工岛岛壁结构兼顾基坑支护,可采用格形钢板桩结构和插入式钢圆筒结构。两者工作机理相似,但钢圆筒施工期稳定性好,施工速度较快,整体强度要优于格形体,且止水性能良好,广泛应用于防波堤、码头及护岸工程。比如日本的和歌山下津港北港地区防波堤(南)采用直径20m、壁厚14mm的钢圆筒;我国首个大圆筒结构工程——广州南沙蒲洲海堤岸壁工程采用42个直径为13.5m、壁厚12mm的钢圆筒;港珠澳大桥建设了我国首个桥隧转换人工岛,采用直径22m、壁厚16mm的钢圆筒,东、西人工岛共120个钢圆筒[56]。

深中通道西人工岛位于珠江口采沙坑区域,地质条件极为复杂,岩土种类多,原地基表层淤泥(含淤泥和淤泥质土)厚度均在20m以上,埋深、层厚变化大,物理力学性质极不均匀,硬夹层、透镜体现象发育且分布不均,风化基岩岩面起伏变化大。为适应复杂的地质条件,确保工程稳定性和耐久性并满足快速成岛工期要求,深中通道西人工岛选用插入式钢圆筒方案,采用大型起重船将预制的大直径钢圆筒沿人工岛外圈振沉至持力层,并在圆筒之间打设两道弧形钢板构成副格舱,形成止水围护结构,实现快速成岛。

5.2.2 施工工艺

5.2.2.1 技术概要

深中通道西人工岛平面基本呈菱形,岛壁结构采用"插入式钢圆筒结构+抛石斜坡结构"

方案。工程开工后西人工岛岛内隧道必须尽早具备与沉管隧道对接条件。通过设置分隔围堰将西人工岛分为西小岛和西大岛,西小岛钢圆筒个数为14个,西大岛钢圆筒个数为43个,总数为57个,钢圆筒沿岛壁轴线和小岛隔堰轴线布置,其安装布设示意图如图5.2-1所示。钢圆筒直径28m,壁厚19mm,高度为35~41.5m,筒重578~678t,圆筒间标准净距2.0m,圆筒上设有4~6根宽榫槽。采用12锤联动振沉设备,进入标准贯入击数20~30击的持力层0.5m,表层换填砂层厚度为4m。

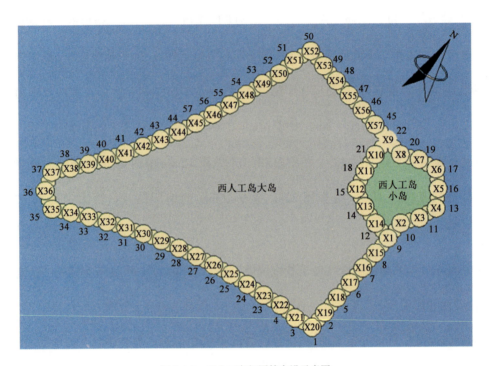

图5.2-1 西人工岛钢圆筒布设示意图

钢圆筒筒壁及其他钢板采用Q345B钢材,所有型钢采用Q235B钢材,钢结构总量接近35000t,制作精度要求高。由于深中通道钢圆筒体量大,制作难度高,为对钢圆筒制作过程、运输进度、施工质量进行有效控制,钢圆筒采用流水制作模式,分成片体、总装制作两大工序,将高空作业转到片体上实施,充分利用自动焊接设备、大型起重设备、转运设备,采用大片体、大分段的制作方式,提高制作效率,满足工期要求。根据每个工序占用时间进行人、机、物、料匹配制作,保证各环节流转顺利,提高生产效率。

西人工岛钢圆筒及副格舱结构如图 5.2-2 所示。钢圆筒间副格舱采用弧形钢板通过止水锁扣连接,锁口采用充填掺膨润土砂浆及土工模袋注浆止水。由于西小岛基坑深度较大,施工周期长,止水难度大,西小岛底部止水采用高压旋喷止水帷幕辅以降压管井;西大岛底部止水采用降压管井。基坑底部设备用降压井,在以上措施出现问题时直接进行基坑底部抽水,保证基坑稳定。

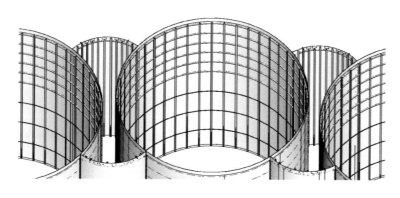

图 5.2-2 西人工岛钢圆筒及副格舱结构

为保证副格舱与钢圆筒间锁口的止水效果,在钢圆筒振沉时严格控制钢圆筒垂直度偏差是工序控制的关键。采用钢圆筒施工定位监测系统对钢圆筒的平面位置、高程、倾斜、锁口位置进行实时监控。

5.2.2.2 设备选型

(1)钢圆筒振沉系统。

欧美国家和日本等在早期就已开始使用振沉设备,我国在 20 世纪 80 年代也陆续开展了研究并成功运用,取得了较快的发展。尽管我国的设备国产化率很高,但是国产振沉设备与国外振沉设备相比仍然存在差距。提高国产设备的质量关键是解决以下问题:选用能提供足够激振力的振动锤;多台振动锤同步工作;使激振力能更均匀和有效地传递到钢圆筒底部;研发更经济有效的振沉系统,保证钢圆筒的垂直度偏差。

通过多种方法校核激振力,对国内外多家振动锤及联动方案比选,经专家论证,深中通道西人工岛选用12台进口APE600型液压振动锤联动方案振沉钢圆筒,主要技术参数见表5.2-1。

APE600型液压振动锤参数 表5.2-1

序号	项目	数值
1	振动锤体系重力(kN)	8500
2	振动锤系统偏心力矩(kN·m)	27.6
3	振动锤系统最大激振力(kN)	57960

12锤联动振沉系统由吊架、液压振动锤、同步装置、共振梁、液压夹具和液压设备等组成,如图5.2-3所示。其中液压振动锤采用电同步、液压同步和机械同步实现三同步。电同步指所有的动力站和振动锤必须通过中央控制面板进行操控,保证所有的动力站和振动锤同时启动和停机。液压同步指多台动力柜的液压油管相互联通,确保每台动力柜的液压油面一致,采用阀块总成集中所有的液压流量再分配到每个锤上,保证每个锤获得相同的液压和流量。机械同步指通过同步轴和同步齿轮箱的传递,保证多台液压振动锤在启动和停止阶段,所有的偏心块必须位于相同的位置。

图5.2-3 12锤联动振沉系统

(2)起重船。

西人工岛最重钢圆筒质量为653.7t,最大高度41.5m。振动系统总质量约为850t,高度约为28m。钢圆筒底部进入标准贯入击数20~30击土层0.5m,在沉入此硬土层过程中容易造成筒体偏位、倾斜、扭转等,需要将钢圆筒拔出进行纠偏,起重船的吊重需考虑筒体纠偏上拔时较大的摩阻力。

经计算,起重船需满足52.2m跨距下吊重2600t,吊高大于79.4m。经比选,4000t起重船在吊距52.2m时吊重约2600t,吊高约98m,满足设计要求。

(3)定位驳。

定位驳锚泊系统应能适应外海施工条件,船舶定位精度能够达到钢圆筒振沉定位的精度要求,且具有良好的稳定性,需满足以下功能:①测量定位系统(GPS、全站仪、电脑系统等)需要放置在定位驳甲板上;②测量定位系统(棱镜、液位计等)维修需要借助定位驳进行人员上下和配件倒运;③振沉施工人员、测量定位人员、指挥人员、技术人员、锤组维修保养人员都需在定位驳上工作;④防风防台时,振动锤组需放置于定位驳甲板上,将定位驳与锤组共同拖带至避风锚地;⑤振动锤组维修及保养时,需放置于定位驳甲板上,定位驳宽度需大于锤组外直径31m。

经比选,最终采用宽度为32.2m、载重量为13000t的驳船作为定位驳,能够满足钢圆筒定位要求。

5.2.2.3 工艺流程

钢圆筒振沉施工流程如图5.2-4所示,主要包括钢圆筒和副格制作、基槽开挖与回填、钢圆筒振沉、钢圆筒内填砂等[57]工序。

(1)钢圆筒在上海振华长兴岛基地、南通基地和广州文冲厂区加工制作。广州龙穴厂区钢圆筒加工完成后采用运输船舶和2艘拖轮运输船组拖带至施工现场;振华长兴岛基地及南通基地钢圆筒加工完成后利用远洋运输船运输至施工现场。副格舱在预制场加工完成后,采用180t门式起重机装船,2000t自航驳运输至现场。

(2)施工平面推进顺序遵循"先小后大、先南后北"的原则,先施工小岛区域,后施工大岛区域;先完成南侧施工,再推进至北侧施工。工程区域原泥面高程为−17~−12m,开挖基槽至底高程-17m,开挖边坡坡度为1:5。基槽开挖采用耙吸式和抓斗式挖泥船的施工组合,开挖后小岛内及时回填2m厚中粗砂。皮带船运砂至现场后,倒驳至方驳,利用方驳上挖掘机细抛。

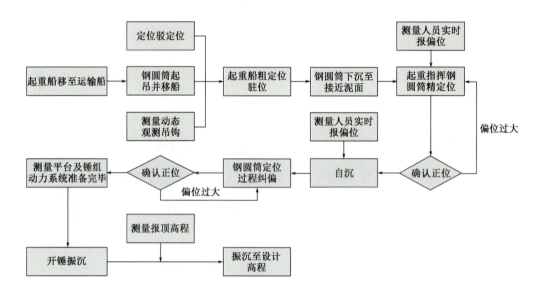

图5.2-4 钢圆筒振沉施工流程图

(3)大岛基槽开挖完成、小岛基槽回填2m后,采用4000t起重船吊12台APE600型液压振动锤联动锤组振沉钢圆筒;副格舱采用2000t自航驳运至现场,650t起重船吊2台APE200-6振动锤锤组振沉副格舱。施工图片见图5.2-5。

图5.2-5 西人工岛钢圆筒振沉快速成岛施工

（4）钢圆筒和副格舱振沉后，立即采用皮带运沙船进行回填，运沙船在钢圆筒前驻位，皮带机输送中粗砂回填至钢圆筒及副格舱内，回填至3.5m高程，同时对基槽进行回填。钢圆筒及副格舱回填砂施工完毕后，采用压浆泵注浆对宽榫槽进行止水处理。

（5）钢圆筒及副格舱外侧碎石垫层采用3000t方驳和挖掘机进行定点定量抛填。碎石垫层边界距离筒边缘约55m，碎石粒径为5~80mm，级配良好。

5.2.2.4 施工方法

（1）起吊系统。

起重船为双钩，每个钩头形式为"山"形，振动系统吊架有12个吊点，一侧6个吊点用钢丝绳挂在同侧钩头上。为确保每个吊点处受力均衡，在起重船钩头下方增设一个钢结构转换架，转换架上部通过2组高性能无接头绳圈与起重船钩头进行连接，转换架下方设有12个连接点，分别对应振动锤组的12个吊耳。

起重船起吊振动锤系统至钢圆筒上方，用起重船上的锚机绞拉事先挂在共振梁上的钢丝绳，慢慢小位移量旋转共振梁，使液压夹头与相应挡板靠紧。操纵振动锤试夹夹头液压工作系统，12组振动锤由12个带有绿灯的控制器控制，当控制器上的开关转向闭合后，如所有夹头全部夹紧则12个绿灯会亮起，即可起吊钢圆筒。

（2）钢圆筒定位。

在定位驳上安装2台GPS接收机、2台自动跟踪全站仪和计算机处理系统，在振沉系统刚性振动梁上安装4个适配反射棱镜和4个液位计，组成钢圆筒定位系统（图5.2-6），监测钢圆筒平面位置、筒顶高程和纵横向垂直度。系统运行时，GPS接收机实时接收参考站差分信号，获得实时三维数据；全自动跟踪全站仪在人工粗略瞄准棱镜后，实时测角、测距；液位计实时测量钢圆筒两个轴线上的高差来监测垂直度；各测量和监测设备的数据实时传输至计算机处理系统，进行数据计算、处理，指导钢圆筒就位和纠正姿态，并监控振沉过程。

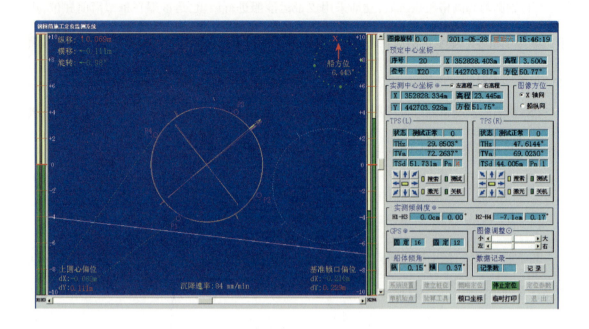

图 5.2-6 钢圆筒施工定位监测系统

当起吊钢圆筒离甲板 20cm,仪器显示夹头压力正常,夹头无丝毫滑动时,可吊筒移船至定位方驳附近,根据定位驳上导向装置对钢圆筒进行粗定位。

找到钢圆筒准确的中心位置后,将钢圆筒沉放至泥面以上 0.5m 时停止下沉,进行精定位,如图 5.2-7 所示。精定位需选在平潮时间段作业,通过 4 个液位计监测钢圆筒的垂直度,每个液位计顶部安装一个适配棱镜,通过两台全站仪跟踪两个可见的棱镜,确定钢圆筒中心坐标及高程。根据定位界面显示数据指导钢圆筒精定位,通过起重船左右钩升降及俯仰扒杆调整钢圆筒垂直度,自沉时钢圆筒垂直度按 0.5% 进行控制,当垂直度不大于 0.5% 时钢圆筒迅速下沉。

首个钢圆筒振沉时,在海中搭设测量平台作为固定构筑物。钢圆筒振沉时,在测量平台上架设全站仪,对钢圆筒位置及高程进行测量,与钢圆筒施工定位监测系统中显示的数据进行比较,定位复核准确无误后进行振动下沉。第一个钢圆筒振沉完成后,可在已沉钢圆筒内架设全站仪,对后续钢圆筒振沉进行监测复核,确保钢圆筒定位精度满足要求。

5 海上人工岛绿色建造关键技术

图 5.2-7 钢圆筒精确定位

（3）钢圆筒自沉。

为保证钢圆筒振沉后的平面偏差和垂直度偏差满足设计要求，钢圆筒吊入定位船定位架，并落钩至筒底距泥面 0.5~1.0m 时，进行精确定位。钢圆筒位置偏差在 15cm 以内，垂直度偏差不大于 0.3%，锁口平面扭角偏差不大于 2°时开始落钩自沉。

自沉过程中严格控制钩头吊重，若自沉顺利，以 50t 为一级减载，缓慢落钩，直至自沉完毕，同时收紧定位方驳锚缆以增加定位架的约束力，起重船及时仰俯扒杆，以确保钩头垂直吊钢圆筒。钢圆筒在自沉过程中，如果采取以上措施后，仍发生位置偏差超过 15cm 或筒体倾斜超过 0.3%，则立即停止自沉。采取松紧锚缆调整船位、升降左右钩头、前后仰俯扒杆、反复上拔和下沉等措施交替重复使用，直至筒位倾斜不大于 0.3% 后，继续下沉。直到自沉结束时，钩头吊重控制在 900t 左右（初期），筒体处于垂直度偏差不大于 0.3% 和位置偏差在 15cm 之内。

钢圆筒由自沉到振沉过程中，会出现偏位、倾斜现象。主要原因包括：①振沉区域的水流潮沙及风向导致圆筒位移和倾斜；②地表硬层高差较大产生筒体自沉倾斜；③振沉穿透层土质变化不一，使各点端阻存在较大差值，产生偏位和倾斜；④振沉过程中起重船起重量变化引起筒体偏位、倾斜及锚缆松紧度不均产生船体变值，出现筒体偏位和倾斜。钢圆筒自下沉开始至振沉结束,采用钢圆筒施工定位监测系统实时监控钢圆筒振沉过程中的姿态,及时进行调整和纠偏。

(4)钢圆筒振沉。

当钢圆筒自沉结束后,测量人员校核筒体垂直度和偏位,在允许范围内即可开锤振沉。

钢圆筒振沉前,应对地质资料进行分析,如有厚3m以上夹沙层,采取点振措施。具体方法为:钢圆筒筒底进入夹沙层后,进行点振,每次点振时间不超过20s;记录钢圆筒下沉速率,以判断钢圆筒振沉是否产生沙层密实效应。沙层部位施工必须严格控制筒体穿透沙层时振动锤运行时间,适当减小吊重,使钢圆筒充分下沉,减少振动密实效应带来的不利影响。

钢圆筒下沉过程中起重船吊钩必须始终处于受力状态。钢圆筒振沉过程中,应兼顾振沉效果和筒体偏位控制,根据钢圆筒入泥深度调整吊钩吊力。起重船吊重控制在600~1500t,动力柜转速控制在1200r/min。随着入泥深度增加,适当减小吊重,稳定动力柜转速不超过1500r/min。

当筒体入泥深度小于6m时,可采用调整双钩不平衡吊重和起重臂进行纠偏。如发现因土质不均匀等引起钢圆筒倾斜时,可采用延长留振时间、反复上提和振沉等手段将钢圆筒的垂直度严格控制在0.5%以内后,再继续进行振沉。

终锤应达到设计高程及以下50cm。如未达到设计高程,钢圆筒下沉速度小于305mm/min,并持续出现2min,须及时处理。

钢圆筒振沉过程中,运沙船在旁边待命,钢圆筒振沉完成后立即进行回填,确保24h内完成筒内回填砂,避免因风、水流、波浪等因素影响导致钢圆筒整体倾斜。钢圆筒回填施工如图5.2-8所示。

图 5.2-8　钢圆筒回填施工

（5）现场监测。

钢圆筒作为深中通道西人工岛岛壁的主体结构，对整个人工的填筑施工起到了支撑围护作用，钢圆筒的结构稳定性决定了整个人工岛的施工安全。由于西人工岛区域内基岩深度较浅，地基土存在物理力学性质较差的淤泥及淤泥质土等软土层，钢圆筒埋入土体深度有限，因此对钢圆筒施工安全稳定性监测的准确、及时性提出了较高要求。

在钢圆筒施工期，需针对钢圆筒在人工岛施工过程中的变形稳定状态进行监测，主要包括钢圆筒顶沉降位移监测、钢圆筒体变形监测及钢圆筒体应力监测三方面，并采取动态监测控制方式，确保整个施工过程钢圆筒稳定。

筒顶沉降位移监测主要采用电子水准仪、铟钢尺和沉降标。沉降支座采用预制钢管制作，钢套直径可供安装强制对中装置，将钢套焊接于钢圆筒壁。水准测量采用闭合水准法，以二级中等精度要求的几何水准测量高程。钢圆筒安装就位后选取 2～3 个沉降位移观测点采用 GPS 静态法测量各点高程值，作为水准测量工作基点。每次观测结束后及时整理观测数据并计算出每个沉降标的间隔沉降量、沉降速率和累计沉降量，绘制荷载与地面沉降曲线图，对曲线和数据进行分析，推算固结度，分析加荷过程中钢圆筒的稳定情况。

筒体变形监测主要采用测斜仪，其由传感器、接头指示器、测斜保护槽和接收器等组成。测斜管紧贴于筒壁，通过观测与筒壁协同变形的测斜管变形程度评价筒体变形。采用全站仪观测钢圆筒顶部测斜位置处坐标,作为侧斜管发生位移的顶部参照物。观测时将测斜仪探头插入带有凹槽的塑料测斜管内,根据各个固定式测斜仪倾斜量,向下分段连续计算钢圆筒壁倾斜及变形量。在钢圆筒工厂拼装完成后,焊接安装测斜仪,测斜仪平面安装位置与钢圆筒顶位移监测点重合,保证每次测量筒顶位移结果可供筒体深部侧向位移变形计算参照。

钢圆筒结构应力监测采用振弦式应力传感器,通过表面焊接方式安装在钢圆筒陆侧钢圆筒内壁上,监测振沉过程中钢圆筒结构受力及应力波传递情况,监测钢圆筒入土过程中负摩阻力情况,并与其他监测设备组成监测网络进行自动化采集。监测点典型动态应变时程曲线如图 5.2-9 所示。

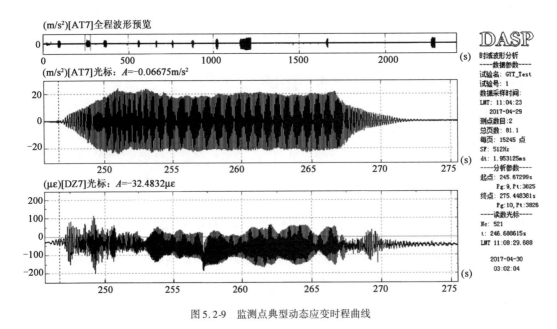

图 5.2-9　监测点典型动态应变时程曲线

5.2.2.5　技术参数

为保障人工岛钢圆筒结构稳定性,通过设计和施工总结得出钢圆筒制作和振沉的相关技术要求(表 5.2-2、表 5.2-3),为今后地质条件和结构形式类似的人工岛修建提供技术参考。

钢圆筒制作精度要求 表5.2-2

项目		允许偏差值
外圈直径		$D\pm50$mm
高度		$+100$mm,-0mm
外周长		±50mm
垂直度		0.1%
筒顶平整度		±20mm
宽榫槽中线	垂直偏差	0.1%
	水平偏差	±20mm

钢圆筒振沉验收标准 表5.2-3

项目	平面偏差	垂直度	备注
定位	≤15cm	—	锁口平面偏位≤2°
振沉	$X\leq35$cm,$Y\leq35$cm	≤1%	—

5.2.3 应用效果

深中通道西人工岛工程采用28m直径钢圆筒作为人工岛岛壁结构,不仅解决了外海人工岛结构的稳定性和耐久性问题,还具有施工精度高、工效快及装配化能力强等特点,可将筑岛工期由1年缩短至5个月,为满足工程安全、环保、工期、造价需求提供了最优方案。

插入式钢圆筒技术采用大型起重船将预制大直径钢圆筒沿人工岛外圈振沉至持力层,并在圆筒之间打设钢弧板构成副格舱,构筑安全、可靠的隧道基坑施工期止水围护结构,实现了快速整岛止水,避免了传统基坑围护结构的内部支撑结构,扩大了岛上隧道施工作业面。岛壁结构施工期和使用期的安全富余度高、变形小,岛壁地基处理方案简单,可快速形成隧道施工的海上稳固基地,为岛内软基处理创造了有利条件。

插入式钢圆筒技术将永久的抛石斜坡堤和临时的隧道围护结构相结合,充分发挥深插式钢圆筒截断深层滑动面的构造作用,使人工岛内外两侧可以同步施工,现场交叉作业少,需要大型施工船机数量少,施工工序少,工期短,基坑形成速度快,整体结构施工期稳定性高,止水可靠性高。

钢圆筒快速成岛技术可减少地基土体开挖,大幅降低入海泥沙量。钢圆筒围护结构不需专门修建临时围堰或接岸结构,施工速度快,比常规重力式围堰挖泥量大幅减少,有效降低外海作业时间和对航道及海洋生境的干扰。采用多台液压振动锤同步振沉钢圆筒方法,筒内不开挖,降低对海洋环境污染,实现工程与自然环境和谐相处。

5.3 海上人工岛绿色建筑设计

5.3.1 技术背景

近年来,随着生态文明、美丽中国理念在公路行业贯彻落实,绿色服务区、近零碳服务区等成为了研究热点,其本质是与建筑行业的绿色建筑一脉相承,并结合公路服务区建设特点和功能属性进行深化、优化而成的。绿色低碳服务区宏观上表现为实现服务区与区域社会、经济、环境间的动态协调发展,微观上既要提供高标准的配套服务,以满足交通运输发展需要和使用者需求,在满足公众多样化服务的前提下,实现对服务区所在地及周边资源和能源的有效利用,减轻对周边环境影响,降低施工运营过程中的碳排放,实现服务区可持续发展。

深中通道西人工岛作为桥隧转换的重要组成部分,除了考虑常规绿色服务区的资源节约、节能减排、生态环保、服务便捷等技术外,还充分考虑了人工岛所处的海洋环境特殊性,在台风、暴雨、波浪条件下如何提高工程耐久性,以及作为超级工程的地标景观打造要求等,为海上人工岛绿色建筑设计提供经验。

5.3.2 美学设计

西人工岛处于粤港澳大湾区的地理几何中心区域,坐落于珠江中央、伶仃航道和矾石水道之间,深圳宝安国际机场西南侧,是船舶往来、飞机起降必经之地。周边海水水质良好,阳光下清澈深邃,远处是珠江口点缀的山丘森林,同时隐约可见深圳的城市景观。西人工岛设计需要结合这些景观元素,对深中通道起到画龙点睛的作用,成为桥梁自然的结束,成为美妙的停顿,成为通往不同、新体验的过渡。人们无论是乘飞机还是驱车,在即将抵达时,都能从不同角度看见深中通道和人工岛。因此,西人工岛的尺寸、功能等满足美学意图至关重要,是全线建筑表现力的重要环节,要求景观形象足够简洁、生动、有力,令人印象深刻,而又不显得突兀,岛体轮廓内凹弧线应具有视觉张力,成为宽阔海面上的一处地标景观。

为引进全球先进的设计理念,使深中通道在技术与美学上均能卓然超群,与周边自然环境和谐统一,深中通道管理中心组织开展了方案设计国际竞赛,将竞赛优胜方案作为设计基础方案,支撑深中通道建设世界一流跨海通道的目标。

丹麦 COWI 公司在竞赛中胜出。设计方案以"天空·梦想"为创作灵感,通过现代的建筑手段,将两岸城市、长桥、人工岛等元素串联起来,成为一件城市艺术品,在独具特色的规划蓝图上增添了浓墨重彩的一笔。深中通道建成后总体造型如图 5.3-1 所示。

图 5.3-1 深中通道总体造型

西人工岛的设计灵感源于中华传统的风筝造型,面向东方太阳升起的地方,如同一只即将放飞的风筝,象征奔向太阳去追寻超群、卓越的目标,实现伟大中国梦;又形似鲲鹏展翅,建筑造型美观大气,与周边整体环境和谐,充分了考虑功能平衡,非刻意设计华而不实的元素或单纯追求某种寓意。人工岛设计以平衡、和谐为整体设计理念,整个岛的外形确保对称,设计以道路中心线作为对称设计的中轴,只在人工岛表面和部分建筑设计上有微小差异,总体布局如图 5.3-2 所示。

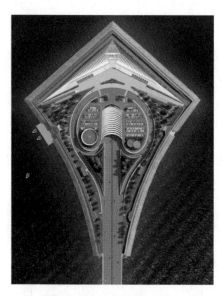

图 5.3-2　西人工岛总体布局

与常规交通工程附属建筑不同的是,深中通道西人工岛具备得天独厚的景观环境与地标效应。考虑工程尺度与体量较大,建筑长度 340m 并横跨整个岛体,最为频繁的观赏视角是在深圳机场的航线上、伶仃洋海面水道上及深中跨海大桥朝向西岛的俯冲路段上,均为远观视角。因此,建筑造型设计延续岛体总体简洁大气的风格,塑造便于感知的整体形象,开关站、消防站、应急码头、科普展馆、风塔等附属建筑物均与岛体及主体建筑共同考虑,不过分强调单体效果,采用与岛体相统一的造型语言,强调几何感,转折明确,比例清晰。从深圳机场起飞后近千米高的航拍视角看(图 5.3-3),建筑和岛体是相融合的,建筑加入并强化了岛上整体构图,共同形成纯粹的航空地标。从远处海面航道的船只和桥面上的车辆视角来看(图 5.3-4),西人工岛建筑具有简洁的天际轮廓线,与背景错落有致的群山形成鲜明对比,加上其不对称的高耸风塔,打破了冗长的水平构图,成为低点视角观赏珠江口的新航标。

5 海上人工岛绿色建造关键技术

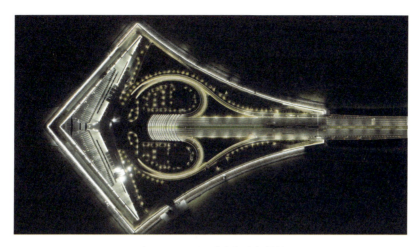

图 5.3-3　西人工岛航视车行效果

图 5.3-4　西人工岛海上船视效果

5.3.3　功能设计

西人工岛位处珠江口及整个粤港澳大湾区的门户位置，建筑设计应能体现超级工程的地标特征，结合地域气候、海岛元素，融入现代建筑理念，实现文化性、地域性、时代性的统一。

西人工岛的功能定位为深中通道集桥隧转换、管理维护、通风排烟、科教观光为一体的功能枢纽[58]，为了将功能和景观融为一体，充分利用西人工岛作为湾区中心海中孤岛的稀缺性，发掘深中通道超级工程的特殊性，营造具有无边海景的景观性旅游观光基地、具有超级设施主题的体验性科普教育基地、具有教育与展示价值的地标性交通综合体。西人工岛岛形设计采用风筝造型，充分考虑建筑与人工岛成为一个整体，采取"岛即建筑、建筑即岛"

相融合的构思,整体人工岛形态简洁,与环境更加协调一致。西人工岛功能布局如图5.3-5所示。

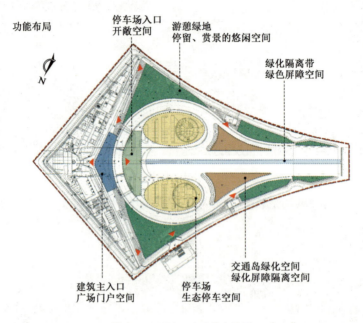

图 5.3-5　西人工岛功能布局图

西人工岛主体建筑是整个人工岛的核心建筑,采用箭头造型,呈现沉稳、锐利的气质,符合深中通道整体平衡对称的原则。当经过深中大桥从西面接近西人工岛时,箭头形建筑具有质感的白色混凝土表面给人以不寻常的视觉表现力。人工岛的"宁静",与背景错落有致的群山和波涛汹涌的大海形成鲜明对比。人工岛本身呈现出一个戏剧性的舞台,坚固而平衡的结构给人以安全感和舒适感。

西人工岛主体建筑主要功能包括:桥隧转换口部交通设施,交通监控中心、办公楼、宿舍等管理用房,隧道通风、风机房、风塔、管理站、救援站等配套设施,路政、交警、消防等功能用房,以及展览、科教、观光、公众服务空间,功能分区如图5.3-6所示。西人工岛主体建筑通过功能整合,将建筑分为上下两部分,共同作为建筑整体外形的有机组成,通过上下分级布局又实现了动静分区和流线分离。下部作为交通设备区,主要用于桥岛隧设备及保障救援用房,包括隧道风机房及联络风道、隧道消防泵房、消防救援站、岛面越浪泵房、综合管廊接口等功能,这些功能各自有特殊的设置条件和影响,同时具有噪声振动、安装运输、出车出勤多方面要求。下部空间结合各类设备定制尺寸,层高从 3~15m 不等,为深中通道设备管线和智能化升级空间做了充分预留。上部作为办公管理与参观体验的区域,强调采光通风,景观视野,并保持通透的热带建筑地域适应性,主要服务对象为内部办公人员和外部参观人员,其中办公管理部分设置于北翼,包含路政、交警、办公及配套的会议、餐厨和宿舍;对外开放功能位于南翼,包含餐厅、咖啡、精品酒店及科普展览馆。南北两翼通过中间入口大厅的宽阔开放空间分隔,实现了内外流线区分。西人工岛主体建筑功能分区如图 5.3-6 所示。

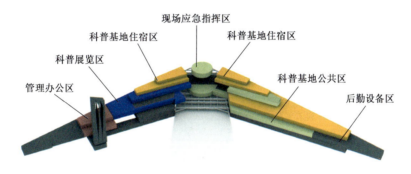

图 5.3-6 西人工岛主体建筑功能分区

西人工岛主要交通功能包括观光旅游、应急救援、管理运营等。岛上交通为高速公路设置出入口,使两个方向的交通流均能顺畅进出西人工岛。在护岸顶部修建有服务通道,除方便、快捷到达岛上所有区域外,还有保护护岸免受越浪袭击的作用;更为重要的是为风筝外形赋予了尖锐的棱角,强化了岛的独特外形。类风筝型岛型不仅美观简洁,而且具有良好的导流效果,能优化海水在岛周边的流动,将阻水效应降到最低。西人工岛南北方向加宽不会增加阻水率,设计更加灵活,能更好满足桥隧转换需求及安全、维护、环保和景观要求。

西人工岛根据项目功能需求及所处自然地理环境对岛上建筑进行优化设计,通过整合简化形体,减轻台风受力,优化体型系数,减少立面能耗。将方案竞赛中功能性不强的风力发电机略去,代之以隧道通风塔,放眼望去建筑景观效果近似,但功能性更强。

5.3.4 建筑节能

西人工岛建筑设计顺应当地亚热带气候特征,将岭南建筑风格融入其中,集通风、采光、遮阳等被动式建筑节能技术于一体,低碳环保技术运用与岛体环境浑然天成。从周边自然环境中的棕榈树得到启发,采用棕榈叶仿生造型的镂空顶棚,遮阳的同时又便于气流穿过,减少风阻,同时外观上又呈现出椰林海岛的特色形象,如图5.3-7所示。建筑立面大量采用大开窗和玻璃幕墙,通过自然采光,为建筑室内的办公人员提供良好的对外视野和舒适的采光环境,如图5.3-8所示。设置双层遮阳幕墙,减少直接光热辐射,并为了提高抗风防风性能,专门开展风洞模拟试验,提高结构设计的合理性,加大结构和构件的安全冗余度,使之成为美观耐久的建筑作品。主体建筑采用阳极氧化铝板和防腐防碱材料用作钢结构保护层,降低建筑运维过程中的损耗。

图5.3-7　西人工岛建筑自然通风设计

图5.3-8　西人工岛建筑自然采光设计

观景长廊利用内外通透的半室外空间,可作为餐吧的补充空间,也可作为临时展区,内部通风遮阳、植物点缀,并面对深圳方向海景,空间环境开阔舒畅,很好地提升了旅游参观体验。

考虑人工岛的交通流向,隧道入口的光过渡段整体形状由圆形梁形成。圆形梁配有混凝土桁架构成的中央支撑系统,保证结构可靠,同时实现视觉上的流畅过渡。隧道进口和出口段的正常照明强度可按照户外光线水平自动调整,使驾驶员能经历从户外光线水平到洞内照明水平的良好过渡。

5.3.5 绿美提升

为践行国家生态文明战略,贯彻"绿水青山就是金山银山"的理念,广东省委于2022年12月做出深入推进绿美广东生态建设的决定,先后出台了《深入推进绿美广东生态建设实施方案》《广东省绿色通道品质提升行动方案(2023—2035年)》等一系列重要文件。广东省交通运输厅高度重视绿美广东建设,先后出台了《广东省公路绿化品质提升技术指南(试行)》《广东省公路绿化树种选择指南(试行)》等文件,全面推动"绿美广东"理念在全省干线公路贯彻落实,成为今后广东省交通行业的重点工作之一。

为贯彻"绿美广东"理念,西人工岛结合地形提升绿化设计,起到软化建筑线条、润色景观的效果。岛上景观绿化作为占地面积最大的区域,采用纯粹统一的带状设计,遵从几何感与秩序感。一条条景观控制线与建筑面岛侧呈近乎平行但略有变化的角度逐渐铺开,景观设计元素在这些条状区域展开。岛上整体绿化效果成为建筑的烘托,但又有其自身的现代特色,如图5.3-9所示。

采用自然设计方法,平面上将不同规格的植物或分散或族群布置,形成自然的植物群落,立面上利用错落的植物群落和植物的不同高度形成起伏的林冠线。植物选用耐盐碱、耐旱、抗风沙、适应砂质壤土的品种,如鸡蛋花、假槟榔、美丽针葵、小叶紫薇等,适合岛上覆土以下为填砂的性质。乔木种植区域预留足够覆土,利于乔木扎根生长。

岛上匝道围合而成的三角形区域,因没有游客到达,且需要减少行车视线遮挡,景观以整体草地通铺为主,适当点缀低矮灌木,整体作为绿化背景,为岛体提供生态底色。在匝道转弯处,为减少挡土墙对行车角度的压迫感,设计了逐级变矮的跌级绿化景观带,绿化带中栽植茂密的草本灌木,将其顶冠连成一片,对混凝土挡土墙形成遮挡与美化。

图 5.3-9　西人工岛绿化总体效果

考虑海上人工岛的咸水碱性土环境,因地制宜地设计既有海岛特色又有丰富多样性的绿化植物群落。为便于植物生长,在非硬地区域,在岛面主体完成高程 4.3m 的基础上,整体填 0.6m 种植土。但 0.6m 土壤厚度无法满足中、大型植物生长,因此专门设计了抬升树池,其宽度与带状景观保持一致,可实现规律变化。树池高度为 0.5m,并带有 0.3m 左右侧板,便于人们用作座凳休憩。

5.3.6　防洪及排水

西人工岛地处瞬时暴雨、强台风等极端天气灾害频发的珠江口中心位置,四面环海,与内陆城市相比,遭遇灾害性天气的频率更高、强度更大。岛内排水不仅要考虑极端强降雨,还应考虑极端波浪越过堤顶进入岛内的大量海水。特别是隧道区域,作为人工岛地势最低点,很容易发生内涝积水事故。一旦人工岛发生内涝,不仅会影响岛面建筑、管理人员及车辆通行的安全,还会因隧道积水造成电力设施故障、车辆被淹、人员伤亡等事故,甚至影响隧道、人工岛的整体结构安全,造成的生命财产损失和影响范围远大于普通工程,灾后修复及重建工作也比一般工程更困难。

海上人工岛排水防涝体系构建首先考虑如何有效排除越浪海水,根据岛面高程及岛外水位的实际情况,为充分利用自然条件下的水流驱动力,合理缓解越浪泵组频繁启动给维护管理增添的压力,正常通行工况和设计工况采用自排模式,极端工况设置了强排模式作为补充,以排除高重现期下的越浪海水及降雨。

西人工岛采用三道防线协同作用、两种排水方式互补结合的越浪防护方案。越浪排水主要设施布置如图5.3-10所示,分别为挡浪墙及护面块体、环岛排水沟及重力流排水箱涵、越浪泵房及压力流排水箱涵,层层递进,衔接配套,合力构建人工岛越浪防治体系。综合考虑岛壁结构稳定性、越浪量分布等因素,确定岛壁结构设计方案,减少波浪越堤上岛,构筑越浪防治第一道防线;截流越浪海水及岛内雨水,优先通过重力流排水箱涵排至水体,充分发挥第二道防线拦截作用;未能及时通过重力流排出时,通过进水暗涵溢流进入越浪泵房,提升后通过压力流箱涵排放,第三道防线可确保极端工况越浪海水也能迅速高效排出。

图 5.3-10　越浪排水主要设施布置图

西人工岛雨水径流防治,采取高水高排、低水低排的策略,采用100年重现期降雨防治标准,通过岛内排水沟及雨水管线、隧道开敞段截水沟及雨水泵房、电缆沟排水设施,构建雨水径流全方位防治体系,径流排除设施布置如图5.3-11所示。由于隧道作为人工岛地势最低点,对隧道开敞段雨水采取了双重保障措施:一是在岛桥结合部设置道路截水沟、缝隙式排水沟,截流径流雨水,汇入环岛排水沟;二是在隧道入口设置道路截水沟及雨水泵房,截流径流雨水,提升排至岛内排水管网。

图 5.3-11　西人工岛雨水径流排除设施布置图

5.3.7　应用效果

深中通道集高度美观和特征鲜明于一体,实现先进技术与美学设计融合,鲲鹏展翅的西人工岛与周边烟波浩渺的珠江海域、千船竞发的海上盛世等区域环境和谐统一,真正体现超级工程的宏大与壮美,成为珠江口门户地标。

设计深度融合岭南地区的气候条件,采用自然通风、自然采光、建筑遮阳、绿化微环境营造等手段,充分利用自然条件主动降低建筑能耗,主体建筑采用耐久性材料,降低建筑运维的损耗,达到资源集约、环境友好的效果。

结合"绿美广东"的最新要求,开展西人工岛绿化提升设计,打造集生态、活力、涵养于一体的海上绿洲,提高景观美化效果,增加植物碳汇功能,成为绿美广东生态建设的交通生动实践。

兼顾景观性与经济性需求,通过选取合适的越浪标准,统筹布设挡浪墙、排水管网、越浪泵房等设施,迅速高效地排除越浪海水及暴雨径流,确保岛内各项设施的安全,避免岛内洪涝灾害发生,提高西人工岛环境韧性。

6 结论与展望

6.1 结论

深中通道是国家重大工程,集"桥、岛、隧、水下互通"于一体的跨海交通集群工程,设有世界首例双向八车道钢壳混凝土沉管隧道、世界最大跨径的全离岸海上悬索桥、世界首例全水下枢纽互通,是当今世界综合技术难度最高的交通基础设施工程。深中通道工程规模宏大,建设条件复杂,生态保护要求严。依托深中通道开展新时期跨海交通集群工程绿色公路技术探索实践,取得了以下主要创新成果:

(1)结合深中通道工程特点和需求,提出了"深入浅出·秀外慧中"的绿色公路建设总体定位,构建了绿色选线、智能建造、工程耐久、生态保护、节能降碳共 5 方面 21 项实施内容的跨海交通集群工程绿色公路建设技术体系,形成了深海绿色桥梁建设、沉管隧道绿色建造、海上人工岛绿色建造等三类特色亮点技术。

(2)研发了深海绿色桥梁建设系列技术:针对项目所处的高温高湿高盐环境,形成了主缆防腐、混凝土控裂和防腐以及建管养一体化等海中大桥耐久性设计技术,提升全寿命周期效益;采用智慧梁场、钢筋部品化施工多功能智能筑塔机等桥梁先进制造技术,提高施工效率与建设品质;因地制宜地实施了海中巨型锚碇的锁扣钢管桩围堰和土工管袋围堰技术以及大桥深海高空猫道等特色技术,将水上施工转变为陆上施工,有效保护了施工期海洋环境。

(3)首创了大型沉管隧道绿色建造成套技术:建设了钢壳智能制造"四线一系统",大幅提升钢壳结构制造品质及工效,减少人工和各类损耗;发明了高稳健自流平自密实混凝土材料,研制了智能浇筑装备及系统,极大提高了沉管浇筑效率和质量,沉管预制可缩短至 30d/节;

研制了沉管浮运安装一体船,大幅度减少了临时航道疏浚量,极大提高了施工精度和效率;采取了沉管隧道基础低环境影响施工技术和装备,从隧道基础开挖、整平、清淤、疏浚土利用等全过程保护伶仃洋海洋生态环境;采用纵向全射流通风+重点排烟方案、隧道通风智能控制、变色温灯具及智能调光等技术有效降低沉管隧道运营期能源消耗。

(4)创新了海上人工岛绿色建造特色技术:为解决西人工岛风化岩层起伏大等复杂地质条件成岛难题,创新采用57个直径28m大圆筒筑岛方案;采用DSM新型地基加固技术,减少了水下开挖量,缩短了施工时间,减小对海洋生物和水体环境的扰动;首创12锤联动钢圆筒振沉技术,将筑岛工期由1年缩短至5个月,有效保障了海上人工岛结构稳定性和耐久性;从美学设计、功能设计、建筑节能、绿美提升、防洪及排水等方面开展人工岛绿色建筑设计创新,实现了建筑功能与景观美学的统一,显著降低人工岛运营能耗与碳排放。

6.2 展望

依托深中通道形成了一套可复制、可推广的跨海交通集群工程绿色公路建设经验,为珠江口的狮子洋通道、伶仃洋通道,乃至渤海海峡跨海通道、琼州海峡跨海通道等跨海(江)通道开展绿色公路建设提供理念指引、技术储备和工程借鉴,很好地丰富了交通行业绿色公路技术体系。

15项创新突出、特色鲜明、典型代表的桥、隧、岛绿色公路建设技术,很好地践行了新时期绿色公路建设理念,取得了结构、材料、装备、技术等系统性创新,生态、节能、低碳、耐久等绿色效果显著,有助于推动交通行业科技进步,培育发展新质生产力,服务交通运输行业高质量发展,为加快建设交通强国提供技术支撑,为建设"天蓝、山绿、水清"的美丽中国作出交通贡献。

参 考 文 献

[1] 刘晓东,刘明虎,金秀男.我国大型跨海通道工程技术发展与展望[J].东南大学学报(自然科学版),2023,53(6):988-996.

[2] 刘良忠,柳新华.国内外跨海通道的比较及启示[J].科技导报,2016,34(21):16-26.

[3] GE Y J, YUAN Y. State-of-the-art technology in the construction of sea-crossing fixed links with a bridge, island, and tunnel combination[J]. Engineering, 2019, 5(1): 15-21.

[4] 石建光,吴旭.沿海混凝土结构耐久性设计中环境作用的分类分级[J].东南大学学报(自然科学版),2006,36:27-31.

[5] 赵振东.日本本州四国联络桥——濑户大桥概观及其抗震设计[J].世界地震工程,1989,(1):35-38.

[6] 王杨,简方梁,吴彩兰,等.国外跨海通道建设经验对我国大型跨海通道建设的启示[J].铁道勘察,2021,47(6):1-6.

[7] 张国宁.从大贝尔特海峡大桥、厄勒海峡大桥到费马恩海峡大桥的跨越[J].中外公路,2016,36(1):130-135.

[8] 陈越.沉管隧道技术应用及发展趋势[J].隧道建设,2017,37(4):387-393.

[9] 左明福.厄勒海峡大桥的设计与施工[J].中国港湾建设,2001,(1):5-9.

[10] ANSSEN W, LYKKE S. The fixed link across the Øresund: tunnel section under the drogden [J]. Tunnelling and Underground Space Technology incorporating Trenchless Technology Research, 1997, 12(1): 5-14.

[11] 朱伟,钱勇进,王璐,等.长距离盾构隧道掘进的主要问题及发展趋势[J].河海大学学报(自然科学版),2023,51(1):138-149.

[12] 韩琳,赵振华,刘淑芬.日本跨海工程对我国跨海工程建设的启示[J].山西建筑,2021,47(13):135-139.

[13] 祝况,伍昌.英吉利海峡海底隧道的工程技术和环境保护[J].全球科技经济瞭望,1995,(12):27-29.

[14] 胡杰明.英吉利海峡隧道在可持续发展方面的启示[J].综合运输,2012,(1):77-79.

[15] BUSBY J, MARSHALL C. Design and construction of the Øresund tunnel[J]. Civil Engineer-

ing, 2000, 138(4): 157-166.

[16] Janssen W, Haas P D, Yoon Y H. Busan-Geoje Link: immersed tunnel opening new horizons [J]. Tunnelling and Underground Space Technology, 2006, 21(3-4): 332.

[17] 耕耘. 厄勒海峡沉埋隧道钢筋混凝土节段的预制与发送[J]. 铁道建筑, 2000, (12):26.

[18] 尹海卿. 港珠澳大桥岛隧工程设计施工关键技术[J]. 隧道建设, 2014, 34(1):60-66.

[19] 陈韶章, 苏宗贤, 陈越. 港珠澳大桥沉管隧道新技术[J]. 隧道建设, 2015, 35(5):396-403.

[20] 成益品. 港珠澳大桥沉管安装线形控制管理技术研究及应用[J]. 中国港湾建设, 2020, 40(10):10-14.

[21] 张晗. 人工岛建设对海洋生态环境的影响分析[D]. 大连:大连海事大学, 2015.

[22] 朱伟, 王璐, 钱勇进, 等. 水下隧道中人工岛建设现状及主要问题[J]. 河海大学学报(自然科学版), 2023, 51(3):72-83+120.

[23] SHIOI Y, ARAKAWA T. Man-made islands, Trans-Tokyo Bay Highway, Japan[J]. Structural Engineering International, 1993, 3(3): 155-7.

[24] 林鸣, 裴岷山, 刘晓东, 等. 港珠澳大桥岛隧工程建造技术[J]. 东南大学学报(自然科学版), 2023, 53(6):955-964.

[25] 万晓曦. 港珠澳大桥的绿色施工创新技术[J]. 中国建设信息化, 2017, (8):19-23.

[26] 孙俊昌, 张晨, 余学林. 深水基础锁扣钢管桩围堰施工过程仿真分析[J]. 黑龙江交通科技, 2023, 46(9):129-131.

[27] 杨章锋, 杜安民. 浅谈土工管袋在围堰工程中的应用[J]. 珠江水运, 2015, (6):90-91.

[28] 中交第二航务工程总有限公司. 东锚碇筑岛围堰专项施工方案(S04合同段)[Z]. 2018.

[29] 姚志安. 深中通道伶仃洋大桥筑岛围堰施工关键技术[J]. 世界桥梁, 2020, 48(2):15-19.

[30] 保利长大工程有限公司. 伶仃洋大桥西锚碇基础专项施工方案(S05合同段)[Z]. 2020.

[31] 张迎松, 梁海文, 陶建山, 等. 深中通道BIM技术在预制梁场的成套解决方案研究与实践[J]. 土木建筑工程信息技术, 2020, 12(2):55-61.

[32] 中铁大桥局集团有限公司. 60m箱梁预制专项施工组织设计(S07合同段)[Z]. 2018.

[33] 中铁大桥局集团有限公司. 40m箱梁预制施工方案(S07合同段)[Z]. 2018.

[34] 刘佩斯. 深中通道智慧梁场建设及运营研究[J]. 世界桥梁, 2023, 51(S1):26-33.

[35] 中交第二航务工程局有限公司. 东索塔塔柱及下横梁专项施工方案(S04合同段)

[Z].2019.

[36] 廖林冲,李冕,姚志安,等.深中通道伶仃洋大桥东索塔施工关键技术[C]//2023年全国工程建设行业施工技术交流会论文集(下册).施工技术,2023:4.

[37] 骆龙炳,宋晟峰.南京仙新路长江大桥猫道施工关键技术[J].建筑安全,2023,38(12):64-68.

[38] 保利长大工程有限公司.伶仃洋大桥猫道及牵引系统专项施工方案(S05合同段)[Z].2022.

[39] 陈焕勇,徐军,李鹏,等.深中通道伶仃洋大桥主缆除湿防腐性能优化[J].桥梁建设,2023,53(4):1-7.

[40] 中交一航局、四航局、广航局联合体.疏浚土转吹上岸(新增纳泥区)施工方案(S09合同段)[Z].2021.

[41] 陈伟乐,宋神友,金文良,等.深中通道钢壳混凝土沉管隧道智能建造体系策划与实践[J].隧道建设,2020,40(4):465-474.

[42] 广船国际有限公司.小节段制作分项工程施工组织设计(GK01合同段)[Z].2020.

[43] 广船国际有限公司.深中通道沉管隧道钢壳智能涂装专项施工方案(GK01合同段)[Z].2019.

[44] 保利长大工程有限公司,广州打捞局.钢壳混凝土管节坞内浇筑专项施工方案(E28-E24)(S08合同段)[Z].2021.

[45] 嵇廷,张文森,陈志军.钢壳混凝土沉管管节智能浇筑技术应用实践[J].中国港湾建设,2022,42(11):54-58.

[46] 彭英俊,吴旭东,刘辉,等.深中通道钢壳混凝土沉管智能化浇筑质量控制[J].工程质量,2021,39(11):27-30.

[47] 于志安,闫科谛.深中通道沉管隧道管节浮运方案[J].港口科技,2021,(4):42-48.

[48] 保利长大工程有限公司,广州打捞局.E31-E24管节浮运专项施工方案(S08合同段)[Z].2021.

[49] 李家林,王明祥,王明亮,等.超大型沉管隧道管节浮运安装船的建造与应用[J].公路,2018,63(8):60-63.

[50] 黎江.BIM助力深中通道沉管隧道基槽开挖[J].中国公路,2022,(11):132-133.

[51] 罗昌武,李进,陈伟乐,等.沉管隧道DCM区地基块石抛填振密施工技术[J].中国港湾建设,2021,41(5):65-69.

[52] 胡前,马定强.深中通道沉管基槽清淤施工技术研究[J].水道港口,2023,44(2):300-304.

[53] 冯宝强,时闯生,付建宝.DSM技术对砂质土层中大圆筒打入过程影响研究[J].中国港湾建设,2021,41(2):46-49.

[54] 孔令磊,刘昊槟,王从李.深中通道西人工岛钢圆筒成岛应用及稳定性分析[J].中国港湾建设,2022,42(1):7-10,56.

[55] 夏丰勇,刘汉勇,刘健.深中通道西人工岛钢圆筒振沉典型施工[J].公路交通科技(应用技术版),2018,14(5):238-240.

[56] 刘和文,于长一,寇晓强,等.深中通道西人工岛大直径钢圆筒实测土压力研究[J].中国港湾建设,2023,43(3):58-63.

[57] 中交第一航务工程局有限公司.西人工岛钢圆筒振沉专项施工方案(S01合同段)[Z].2017.

[58] 刘健,夏丰勇,唐一夫.深中通道西人工岛总体设计及大直径钢圆筒快速成岛技术[J].水运工程,2021,(6):13-19.